DOM JOSEPH ROUX

Chanoine Régulier de Latran

SOUVENIRS
DU
BOCAGE
VENDÉEN

IMPRIMERIE
SAINT-MARTIN
À LIGUGÉ
(Vienne)
1898

Malo. E. Renault

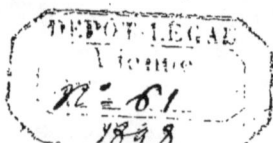

SOUVENIRS

DU

BOCAGE VENDÉEN

Souvenirs

du

Bocage Vendéen

PAR

DOM JOSEPH ROUX

CHANOINE RÉGULIER DE LATRAN

Ligugé (Vienne)

IMPRIMERIE SAINT-MARTIN

1898

Attento suffragio Præfecti studiorum in Ordine nostro, facultatem damus D. Josepho Roux, C. R. L., ut opus cui titulus : *Souvenirs du Bocage Vendéen,* typis mandare possit.

Datum Romæ, ex canonica Sancti Petri ad Vincula, die 19 martii 1897.

† P. D. ALOISIUS SANTINI,
Abbas Generalis.

A M. le Marquis de La Rochejaquelein

MEMBRE

DE LA CHAMBRE DES DÉPUTÉS

MONSIEUR LE MARQUIS,

On acclame aujourd'hui les nullités.

Sur tous les points du territoire français, on dresse bustes et statues en leur honneur.

C'est une honte.

Mais les vrais Français respirent à l'aise, en apprenant que le grand guerrier chrétien, Henri de La Rochejaquelein, a son bronze au sol qui le vit naître.

A la bonne heure ! Une statue à un général de vingt-un ans, admiré de l'Europe, de la France et de l'Église : c'est juste !

Montrer à la génération actuelle et à la postérité les traits expressifs de ce héros de votre sang, c'était votre droit, votre devoir, votre désir ; c'est votre action.

Vous en avez reçu les remerciements enthousiastes de tout un peuple.

Votre fierté et votre satisfaction sont légitimes.

Henri de La Rochejaquelein, plus que tout autre, personnifie l'idée de la Grand'Guerre, l'amour du trône et de l'autel.

Cette sublime idée, qui faisait battre le cœur de la Vendée, fut à l'état de complet épanouissement, dans la belle âme du jeune généralissime.

Je ne pouvais donc faire rien de mieux, en célébrant les nobles âmes, volontairement sacrifiées, pour cette haute et noble idée, que de déposer, par vos mains, mes Souvenirs du Bocage Vendéen sur le socle de granit, aux pieds de votre illustre Henri.

Dites à ce cœur plein d'énergie, qui semble revivre encore dans ce bronze artistique, toute mon admiration et mon ardent amour.

En l'admirant, en l'aimant, j'admire et j'aime la France, ma patrie, et la Vendée, mon sol natal.

Dom Joseph Roux.

Lettre de M. le Marquis de La Rochejaquelein

Mon Révérend Père,

Frappé de l'imprévoyance avec laquelle des gens de bonne foi s'inclinent devant le fait accompli, vous croyez utile de rappeler au peuple de Vendée les luttes héroïques que ses pères ont soutenues « pour les autels et pour leurs foyers ».

Dieu permet que notre pays se débatte en ce moment sous des épreuves plus pénibles encore : la fidélité est méconnue et condamnée, on nous blâme de conserver les principes qui avaient élevé la France à la tête des nations et qui seuls pourraient lui rendre le premier rang. Dans le vain espoir de ramener à la justice et au respect de la liberté les ennemis de l'Église, on se soumet placidement à leur tyrannie.

En opposant au découragement et à la défection un passé de dévouement et de sacrifice, vous glorifiez la cause que la Vendée représente dans l'histoire. Il est bon de donner comme modèles à nos générations les ancêtres qui, suivant l'exemple des Machabées, ont mis en pratique leur noble devise : « Mieux vaut mourir en combattant, que voir la ruine de son pays et de la religion. »

Vous faites sentir que les principes ne peuvent point se modifier au hasard des temps, au gré des circonstances. Quand ils sont violés, la France décline ; elle se régénère, quand ils reparaissent ; elle succomberait, s'ils périssaient à jamais.

Recevez, mon Révérend Père, avec mes félicitations et mes remerciements, l'expression de tout mon respect.

Clisson, 6 janvier 1897.

Nous sommes heureux de donner, après la lettre du marquis de La Rochejaquelein, celle de son digne successeur à la Chambre des députés, M. H. Savary de Beauregard.

Sympathique à tous ceux qui l'approchent, il n'est connu, dans tout le Bocage Vendéen, à cause de ses grandes qualités et de son aimable dévouement, que sous le nom de Monsieur Henry.

Un brave paysan, petit-fils de chouans, me disait dernièrement de lui : « *Móssieu Henry, o l'et in'boume qu'a poué pou, qui obe dret d'vont li é pis qu'é piin de r'ligiin. Si j'en aviins bé raide queme li, j's'riins pouët embotis queme j'sins:* Monsieur Henry, c'est un homme qui n'a point peur, qui marche droit devant lui et qui est plein de religion. Si nous en avions beaucoup comme lui, nous ne serions pas embourbés comme nous le sommes. »

C'est vrai.

CHAMBRE
DES DÉPUTÉS

Paris, le 10 décembre 1897.

MON CHER AMI,

Sous la robe de moine que vous avez l'honneur de porter, vous cachez un cœur de soldat ; nul donc, mieux que vous, ne pouvait comprendre et chanter l'immortelle gloire de nos pères.

Enfant de ce Bocage Vendéen, dont chaque champ fut arrosé du sang d'un martyr, bien souvent, j'en suis sûr, vous avez tressailli quand le cri de la chouette, vieux signe de ralliement, réveillait les échos du val de Prouette où les vôtres ont vécu.

En cheminant le soir dans nos sombres sentiers, n'avons-nous pas tous évoqué le souvenir de ces milliers de héros en sabots qui, le travail fini et la prière dite, étaient passés par là eux aussi, l'arme au bras, pour aller généreusement mourir ?

*Ah! vous avez bien fait de remettre sous les yeux de cette géné-
ration sans idéal et sans courage les grands exemples du passé.*

*Nos ancêtres auraient-ils donc épuisé toute la sève de ce vieux sol
de France? Je ne veux pas le croire. Le Dieu pour lequel ils ont été
si prodigues de leur sang en aura bien laissé quelques gouttes dans
les veines de leurs fils.*

*Oui, mon cher ami, votre œuvre était utile et elle naît à son
heure. Le peuple, las des mensonges et des promesses vaines, se prend
à regretter la vieille chanson qui jadis berçait ses douleurs. Ce n'est
pas en vain que cinquante générations de mères sincèrement catholiques avaient pendant des siècles infusé dans son âme les principes
et l'amour de la religion du Christ.*

*Des sophistes et des ambitieux ont pu tromper ce peuple et l'égarer;
il arrive toujours un moment où le besoin de la vérité se fait sentir.*

*Malgré toutes les attaques et toutes les défaillances, la foi, qui
avait fait notre patrie si grande et si forte, n'est pas morte encore.
Voyez tous les sacrifices qu'elle suscite et toutes les œuvres qu'elle
soutient. Espérons donc dans ce renouveau que certaines lueurs semblent présager.*

*En rappelant la grandeur de ces Vendéens dont nous sommes si
fiers de descendre, de ces géants, comme les appelait Napoléon, qui
seuls bravaient la tempête révolutionnaire pour défendre leurs autels,
vous avez noblement participé, mon cher ami, au travail que nous
devons tous entreprendre et poursuivre, et qui consiste à ressusciter
chez nos concitoyens le sentiment chrétien, base de notre vieil honneur
national.*

Henry Savary de Beauregard

Député des Deux-Sèvres.

PRÉFACE

Sur le granit du monument funèbre dressé à la mémoire des héroïques martyrs tombés au sol de Savenay, ces mots sont gravés : *Britannia et Vendaea fideles Deo et Regi.* On ne pouvait à ces chrétiens donner plus noble titre, car c'est par leur fidélité à la croix et aux lys qu'ils passeront à l'immortalité.

« On leur a reproché de s'être révoltés contre le gouvernement établi, mais celui qui défend la justice n'est pas un rebelle. Du reste, il n'y a pas de révolte contre la révolte.

« On s'était révolté le 10 août contre Louis XVI ; on pouvait donc se soulever pour venger ses droits.

« La religion ne prescrit pas l'obéissance aux pouvoirs faux et injustes. Il n'y a rien de faux, rien d'injuste à préférer le bien général de la communauté sociale au bien particulier [1]. »

« Les gens de probité doivent se lever en masse pour protester contre le crime. Il était flagrant alors. La Vendée a donc dû agir comme elle a agi [2]. »

« J'ai contemplé de près cette guerre de la Vendée, si

---

1. *Univers* du 10 janvier 1843, en réponse à la *Quotidienne.*
2. CRÉTINEAU-JOLY, *Guerres de la Vendée*, t. I.

pleine d'intérêt et d'images. J'y pense le jour, j'y rêve la nuit. Ce n'est pas une guerre froide et plate, une guerre d'ambition et de politique, une guerre de commerce et de calcul ; c'est une guerre profonde qui a ses racines dans le sol, dans le culte, une guerre de famille et de patrie, une guerre à la manière antique et passionnée, une guerre homérique et qui montera un jour sur nos théâtres pour y porter l'effroi, l'admiration, la pitié et l'amour... Les guerres de la République et de la Vendée étaient toutes d'instinct et de principes : c'était une dette payée, un devoir rempli, un droit exercé dans sa vaste plénitude, un double gage de fidélité donné au monde[1]. »

« Si l'Esprit-Saint a loué les guerriers de l'ancienne Loi, peut-il refuser ses éloges aux guerriers de la Loi nouvelle? La bravoure ne mérite-t-elle pas plus d'admiration lorsqu'elle est au service de la cause divine et des intérêts les plus élevés de nos âmes, que lorsqu'elle sert les intérêts purement civils? Aussi, autant la religion est au-dessus des choses terrestres, autant cette guerre fut au-dessus des guerres ordinaires... Il n'y en eut jamais de plus juste, de plus glorieuse, de plus magnanime... Et, de même que les vieux Gaulois voulaient soutenir le ciel avec leurs lances, de même nos paysans voulurent soutenir le ciel de leur foi chrétienne et de leur indépendance catholique avec leurs armes. Leur plus beau titre de gloire dans les âges à venir sera d'être demeurés intrépides dans leur foi, au jour de la tribulation et de la défaillance universelle[2]. »

Napoléon Ier lui-même n'a-t-il pas dit qu'il fallait envoyer les peuples modernes à l'école de la Vendée, pour y apprendre leurs devoirs envers les gouvernements?

Le dévouement de ce petit peuple, qu'a-t-il produit?

---

1. Grille, t. III, p. 56.
2. Cardinal Pie, oraison funèbre de Mme la marquise de La Rochejaquelein.

« Infructueux en apparence, le sacrifice des Vendéens ne resta pas stérile. Car, s'il est vrai que le sang des martyrs devient une source féconde et que Dieu mesure son pardon à nos expiations; si, quelques années après cette guerre de géants, comme l'appelait un homme qui s'y entendait, vous avez vu vos autels se relever, vos prêtres revenir de l'exil et l'Église de France se redresser sur ses ruines plus forte que jamais, c'est que le sang des justes avait mérité toutes ces restaurations, c'est qu'avant d'éclater au grand jour de l'histoire, la résurrection avait germé dans ces tombes obscures, où le dévouement s'était enseveli avec les fils de la Vendée [1]. »

Un écrivain républicain a dit : « J'ai vu des peintres qui allaient en Syrie, chercher des sujets de bataille; j'ai vu des poètes qui allaient en Grèce ou en Pologne, chercher des chants et des inspirations; mais l'Anjou, le Poitou, le Maine et la Bretagne ont des pages toutes prêtes, des odes toutes faites. C'est folie coupable d'aller si loin s'attendrir, s'égarer, quand tout appelle ici la palette et la lyre [2]. »

> Eh bien! moi, j'ai voulu, sur le sol de Vendée,
> Cueillir des *Souvenirs*. Par l'amour fécondée,
> Ma plume les décrit. Si l'art y fait défaut,
> Mon cœur certes s'y trouve; il y bat comme il faut.
> Je rends à mes aïeux ce filial hommage...
> Des artistes plus tard offriront davantage.

Dom JOSEPH ROUX.

En la fête de saint Joseph, 19 mars 1898.

---

1. Mgr FREPPEL, oraison funèbre de Mgr Fruchaud, Archevêque de Tours.
2. GRILLE, t. III, p. 56.

Louis XVI

PROLOGUE

Il est doux de chanter le ciel qui nous vit naître,
De célébrer le sol que nous foulions enfants,
De voir, le cœur ému, sous nos yeux apparaître,
Avec leurs souvenirs, nos joyeux premiers ans.

Quand brille du passé cette pure auréole,
Pour quelque temps du moins nous cessons de gémir,
La douleur, un instant, de nos âmes s'envole,
Et nos amers chagrins nous semblent s'endormir

Il est meilleur encore de chanter le courage
Des bons soldats du Christ, des défenseurs du roi ;
Surtout quand ces héros nous ont, pour apanage,
Laissé leur noble sang, leur amour et leur foi.

Avec notre respect, dans l'intime de l'âme,
Se mêle la fierté, dont tous nous palpitons.
Et ces noms si connus, notre cœur les acclame ;
Nous, leurs fils bien-aimés, heureux, nous les chantons.

1793

Le Bocage Vendéen

Pourquoi le prononcer, ce nom de la patrie?...
Il résonne de loin dans mon âme attendrie,
Comme les pas connus ou la voix d'un ami.
(LAMARTINE, *Harmonies poétiques,* liv. III.)

A l'ouest de la France, en deçà de la Loire,
Est un pays antique, un vieux sol de granit.
Ce pays s'est écrit une page de gloire;
Par tous les cœurs chrétiens son nom sera béni.

Les Deux-Sèvres, l'Anjou, la féconde Vendée,
Y viennent s'embrasser et s'y donner la main;
D'éternels souvenirs cette terre inondée
Au front porte ce nom : *Bocage Vendéen.*

Là, nous n'avons point vu la hache destructrice,
Promener son ravage au milieu de nos bois.
L'arbre projette encor son ombre protectrice ;
Nous avons les buissons, touffus comme autrefois.

De nos champs le progrès n'a point fait une plaine
Uniforme partout, immense et sans beauté.
Chez nous des niveleurs l'espérance fut vaine :
Ce qu'ont fait nos aïeux par nous est respecté.

Nous aimons mieux avoir des chênes centenaires,
Des frênes élancés, des ormeaux verdoyants.
Nous vivons sans procès, en limitant nos terres
Avec les troncs moussus de tous ces vieux géants.

Aux treillis contournés, nous préférons nos haies
D'aubépines, de houx, et hautes de dix pieds.
Aux barrières de fer, nous préférons les claies
Que font nos rudes mains, de branches d'églantiers.

Nous goûtons, rajeunis, la fraîcheur du feuillage ;
Quand nous nous reposons, au milieu des travaux,
Nous aimons écouter l'éternel babillage,
Voir les nids suspendus de nos petits oiseaux.

L'été, quand, inclinés sur la terre brûlante,
Aux sillons de nos champs nous versons nos sueurs,
Notre poitrine aspire, heureuse et haletante,
Un air tout imprégné de nos buissons en fleurs.

En rêvant au passé, sous les chênes antiques,
Sur un sanglant dolmen, on peut s'asseoir parfois,
On se rappelle alors les prêtres druidiques,
Et leur culte barbare, au fond de nos grands bois.

Car ils y sont venus, ces prêtres sanguinaires,
Comme en Bretagne ils ont dressé là des autels ;
Hésus fut adoré, sur ces rocs séculaires,
Taranis y reçut le sang noir des mortels.

Parmi nos souvenirs, un surtout nous enflamme,
Nous donne la fierté, porte nos fronts aux cieux,
La guerre, *la grand'guerre*, et la sainte oriflamme,
Les combats immortels de nos vaillants aïeux.

J'ouvrirai les feuillets de cette vaste histoire ;
Vous y lirez les faits des soldats de chez nous,
Oh ! oui, vous bénirez, j'en suis sûr, leur mémoire,
Et devant ces martyrs, vous ploîrez les genoux.

Les Ancêtres

Mementote operum patrum vestrorum.
« Souvenez-vous des œuvres de vos ancêtres. »
(1 Machab., ii, 51.)

Lorsque vers le passé nous dirigeons les yeux,
Nous désirons savoir quels furent nos aïeux,
          Et si, pour héritage,
A leurs petits enfants ils ont transmis l'honneur,
Cette chose qui, seule, anoblit notre cœur,
          Et passe d'âge en âge.

Si nous voyons alors, de notre œil fasciné,
Sur l'autel de l'honneur et le front couronné,
          Quelque vieux patriarche,

Nous lui disons, joyeux, en lui baisant la main :
Ce que tu fis hier, nous le ferons demain,
   Et nous suivrons ta marche.

Nous voulons, comme toi, tracer notre sillon,
Dans le champ de l'honneur; nous voulons un rayon
   De ta sublime gloire;
Notre cœur, aussi lui, sera puissant et fort.
Comme toi, nous saurons gagner, par notre mort,
   Une page d'histoire.

Eh bien ! nous, Vendéens, nous, pauvres paysans,
Nous, simples travailleurs, modestes artisans,
   Si petits que nous sommes,
Nous pouvons dire à tous, en relevant nos fronts :
Parlez, grands de la terre, et nous vous répondrons,
   Car nous avons des hommes !

Lorsque Rome foulait l'univers sous ses pas,
Nos aïeux résistaient, et, seuls, ne craignaient pas
   Sa terrible colère.
Contre eux un empereur leva son étendard.
Le pays se leva, fit reculer César,
   Le maître de la terre.

Nos aïeux, au cœur franc, voulaient la liberté ;
Pour elle ils combattaient, et leur mâle fierté
   Sut briser ses entraves.
Les chaînes, disaient-ils, n'ont point meurtri nos mains ;
Nous resterons debout ; et, jamais des Romains
   Nous ne serons esclaves.

Ils sont restés debout, libres de tous liens.
Convertis par Hilaire, ils deviennent chrétiens,
   Alors que la tempête,

Avec les Visigoths, répandait la terreur,
Sapait la foi partout, de sa folle fureur,
          Faisait courber la tête.

En vain, les protestants survinrent à leur tour.
Ils espéraient peut-être effacer, en un jour,
          Nos titres catholiques.
Mais, dans notre Vendée, on soutint le combat ;
Pour défendre le Christ, chacun se fit soldat
          Contre les hérétiques.

Quand le temple chrétien vit, aux sacrés autels,
S'asseoir, en blasphémant, des hommes criminels,
          D'ignobles créatures,
Notre pays s'est fait l'aide du Tout-Puissant ;
Par milliers, nos martyrs ont répandu leur sang
          Pour laver ces injures.

Quand d'infâmes bourreaux, foulant aux pieds les lois,
Assassinaient Louis, l'un des plus justes rois,
          Pour voler sa couronne,
Nos ancêtres alors devinrent ses vengeurs,
Marchèrent frémissants contre les massacreurs
          Et les briseurs de trône.

Pour le Christ et le roi, ce peuple respirait ;
Pour le Christ et le roi, notre peuple s'offrait
          A Dieu comme victime.
A la Croix il voulait enlever un affront,
Et de la France aimée essuyer le beau front,
          Souillé par un grand crime.

Cinq cent mille chrétiens sont tombés pour cela,
Heureux et triomphants, et leurs os gisent là,
          Glorieux dans la tombe.

On se souviendra d'eux et de leur noble cœur.
Ces martyrs du bon droit auront, au front, l'honneur,
          Qui jamais ne succombe.

En regardant ainsi, dans les siècles passés,
En voyant mes aïeux rayonnants et pressés,
          Au sommet de la gloire,
Ne suis-je pas en droit de marcher le front haut,
De chanter leur valeur, de louer leur tombeau,
          De bénir leur mémoire?

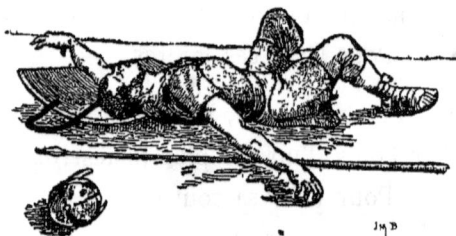

L'âme d'un peuple

Magnificat anima mea Dominum.
« Mon âme exalte le Seigneur. »
(Luc., I, 46.)

On était en janvier, en l'an quatre-vingt-treize ;
Tous les esprits étaient de terreurs assaillis :
La France, au cœur brisé, respirait mal à l'aise,
Et des voix d'outre-tombe agitaient le pays.

De longs sillons de feu traversaient l'atmosphère,
En marquant l'horizon d'hiéroglyphes sanglants ;
Des tremblements soudains secouaient notre sphère ;
Les arbres se courbaient sous des souffles brûlants.

Des antiques tombeaux les dalles se fendirent,
Dans cette terre sainte, où sont les trépassés...

Alors, pâles, troublés, les vivants entendirent
Des plaintes et ces mots tristes et cadencés :

« Le sacrifice est fait... Dieu puissant que j'implore,
Si je brise mon cœur, je le brise pour Toi.
Du moins que mon martyre, ô Seigneur, soit l'aurore
D'un avenir plus sûr pour le Christ et le roi.

« Si mes enfants, un jour, acceptent cette épreuve,
Et si la lourde croix leur fait saigner le cœur,
De la honte, ô mon Dieu, barre l'immense fleuve
Qui roule sur la France et souille son honneur.

« Elle viendra, cette heure, où la France endormie,
Pour retourner à Toi, sortira du tombeau ;
Et loin d'elle jetant le haillon d'infamie,
Elle ira prendre encor la croix pour son drapeau.

« Mes pauvres paysans, sans connaître la guerre,
Des ennemis du ciel sauront vaincre l'orgueil ;
Dans leur cœur passera ta trop juste colère,
Et leurs mains des méchants fermeront le cercueil.

« Quand leur vaillance aura partout sonné l'alarme,
On les verra pour Dieu délaisser leurs sillons.
Les vieillards rajeunis se saisiront d'une arme,
Et viendront de partout grossir les bataillons.

« Chrétiens, sachez mourir pour Dieu, pour la patrie,
Français, jusqu'à la mort, défendez votre roi.
La source de la force, en vous, n'est point tarie,
Luttez pour conserver et grandir votre foi !

« C'est le jour du danger, l'heure de la bataille,
De vos rois bien-aimés arborez l'étendard.

Pour conserver les lis, que pas un ne défaille,
Que l'honneur soit chez vous, s'il n'est plus nulle part.

« C'est en vain que sur vous une foule se rue,
Rien ne fera jamais trembler votre valeur.
En glaives façonnez le soc de la charrue ;
Pour combattre, prenez la faux du moissonneur.

« C'est Dieu qui vous le dit ; c'est Dieu qui vous appelle,
Debout ! Ne craignez rien ! Le Christ est avec vous.
Que mon vieux peuple au moins lui demeure fidèle ;
Si vous devez mourir, que ce soit à genoux.

« Sur le champ de l'honneur, si le Maître suprême
Demande votre sang et vos derniers soupirs,
Vous crîrez en tombant : Vive le roi *quand même !*
Au ciel, moi, je dirai : Saluez mes martyrs ! »

. . . .
. . . .

Et cette voix se tut... Mais une grande idée
Fit tressaillir le peuple à son éclat de feu,
Car cette voix c'était l'âme de la Vendée,
Sur son sol de granit parlant au nom de Dieu !

Le vieux Sonneur vendéen

Et sonitus paulatim crescebat.
« Le son croissait toujours. »
(Exod., xix.)

Il était vieux, très vieux, le bonhomme Isidore ;
Son front était ridé, ses cheveux étaient blancs.
Il avait bien, je crois, soixante-quatorze ans ;
Malgré cela pourtant, il était droit encore.

Il avait veste courte, un soyeux bonnet noir,
Un gilet de futaine, une cravate blanche,
Qu'il mettait seulement aux grands jours de dimanche :
Ma foi ! c'était un vieux bien ravissant à voir.

Il s'estimait un peu. Que le ciel lui pardonne
A ce pauvre bon vieux (ce n'était pas de rien) !
Pour le reste, d'ailleurs, un solide chrétien,
Mais il était sonneur, et ce titre résonne.

C'était charge d'église... et, dans son vieux clocher,
Assombri par le temps, à la toiture immense,
Il sonnait glas et mort, mariage et naissance,
Et depuis soixante ans il sonnait sans broncher.

Tous ses concitoyens, croyez-en ma parole,
Se nommaient ses enfants ; joyeux, à son aspect,
Ils ôtaient leurs chapeaux, lui montraient leur respect.
On peut avoir à moins un peu de gloriole.

Le bonhomme Isidore avait un large cœur ;
Envers tous il était d'une extrême indulgence,
Affable et bienveillant; la vieillesse et l'enfance
Avaient toujours en lui leur premier défenseur.

Mais, je crois qu'il aimait encor bien plus sa cloche,
L'escalier vermoulu de l'antique clocher ;
A ces objets bénis nul ne pouvait toucher :
Là, sa bonne âme était plus dure qu'une roche.

Cela c'était à lui... mais, comme il sonnait bien !
Et comme le battant marquait bien les cadences !
Sa cloche, franchissant les plus grandes distances,
Savait toujours parler un langage chrétien.

Or, un jour, Isidore apprend avec souffrance
Que les méchants avaient décapité son roi,
Que les cœurs des chrétiens étaient saisis d'effroi,
Et que Satan voulait chasser Dieu de la France.

Il monte à son clocher, et, de sa vieille main,
Il ébranle sa cloche, en répandant des larmes ;
Avec elle, il s'écrie : Aux armes ! vite aux armes !
Et partout l'on entend le lugubre tocsin.

« Allons ! cloche, disait le bonhomme Isidore,
Ma bien-aimée, allons ! jetons l'ivresse aux cœurs,
Réveillons la fierté de tous nos laboureurs !
Sonne ! sonne ! ma cloche, oui, sonne ! sonne encore ! »

Et la cloche sonnait... sa voix, planant dans l'air,
Traversait les ravins, les plaines, les vallées,
Lançant avec éclat ses rapides volées,
Battant, comme un vaisseau, les vagues de l'éther.

Elle coulait à flots sur les vastes prairies,
Glissait dans les genêts, à travers les grands bois.
L'écho, partout l'écho multipliait sa voix,
Et redisait au loin ses notes attendries.

Et cette voix allait frapper les vieilles tours,
Les donjons, les châteaux, les plus humbles chaumières.
Les âmes bondissaient à ces notes altières...
Isidore, au clocher, sonnait, sonnait toujours.

A chaque coup de cloche il naissait un courage.
On sentait le clairon, dans ces sombres appels.
Ses sons de plus en plus devenaient solennels,
Et sa voix se faisait de plus en plus sauvage.

L'enfer est déchaîné, paysans, levez-vous !
Aujourd'hui c'est pour Dieu que vous devez combattre !
C'est pour venger le roi !... laisserez-vous abattre
Vos croix et vos autels ? allons ! levez-vous tous !

Et cette voix alors faisait battre les âmes,
Suscitait dans les cœurs la foi, le feu sacré.
L'ivresse des combats s'élevait par degré,
De la guerre déjà plus d'un sentait les flammes.

La plus humble chaumière était un arsenal,
Où l'on forgeait le fer, le soc de la charrue.
On emmanchait les faux... on l'avait entendue
La cloche... et l'on avait bien compris son signal.

Déjà l'on pouvait voir dans les champs, sur les routes,
Des flots de paysans, préparés aux combats.
Le bonhomme Isidore en haut ne cessait pas ;
La sueur à son front perlait en larges gouttes.

Et, quand, dans son clocher, en regardant partout,
Il vit les Vendéens du Marais, de la Plaine,
Du Bocage accourus, le vieux, perdant haleine,
S'écria transporté : C'est bien ! ils sont debout !

Alors, de son vieux bras, où circulait la fièvre,
Sur l'airain frémissant il redoubla ses coups ;
Et bientôt, épuisé, tomba sur ses genoux...
Un sourire du ciel vint effleurer sa lèvre.

Mais il se releva... dans un dernier effort,
Il ébranla si fort la cloche, sa compagne,
Qu'elle fut entendue au fond de la Bretagne...
Alors le vieux sonneur, au clocher, tomba mort.

On dit, dans le pays, que la cloche sonore
Sonna seule son glas, avec un chant de deuil,
Et qu'elle se brisa, quand on mit au cercueil
Le cadavre glacé du bonhomme Isidore.

Cathelineau

Date animas vestras pro testamento patrum vestrorum.

« Donnez votre vie pour la foi de vos aïeux. »

(I Machab., II, 50.)

Louis Seize était mort. Les conscrits de Jallais,
Du Pin, de Saint-Florent, de La Poitevinière,
Méditent la vengeance au fond des bois épais...
Ils ont tous refusé d'aller à la frontière
Et de tirer au sort. De leur rébellion
Ces *gas* audacieux s'étonnent à cette heure,

Sans regrets cependant, ils ont cœur de lion...
Mais quoi faire? Ils sont seuls! Et leur courage en pleure.

Un homme, un artisan, visage doux et beau,
Taille athlétique, voix majestueuse et pleine,
Se présente aux conscrits... C'était Cathelineau.
Ce futur général était cardeur de laine.
Un même sentiment jaillit du cœur de tous :
« Marchez, lui disent-ils, indiquez-nous la voie ;
Pour la cause du ciel, nous mourrons avec vous !
Vous êtes notre chef!... C'est Dieu qui vous envoie. »

Cathelineau sur eux promène lentement
Son regard inspiré. « Je vois, dans vos poitrines,
Pour la liberté sainte un entier dévoûment,
Une foi généreuse en nos vieilles doctrines.
Conscrits, êtes-vous prêts à lutter, à souffrir? »
Cinq cents voix jusqu'au ciel répondent : « Nous le sommes!
— Pour la cause de Dieu, conscrits, s'il faut mourir?...
— Dieu peut compter sur nous. — Bien! vous êtes des hommes,

Venez!... » Cathelineau, des conscrits entouré,
Vole sur le chemin ; puissamment il entonne
Le *Vexilla Regis* ; ce cantique sacré,
Redit par ces grands cœurs, dans les vallons résonne.
C'est un chant de victoire! Et pourtant quels soldats!
Des guerriers en sabots et n'ayant d'autres armes
Que des bâtons noueux. — « Les fusils sont là-bas,
Leur dit Cathelineau, la lutte aura des charmes ;

Avec Dieu, ces fusils, bientôt, nous les aurons! »
Les conscrits, à ces mots, sur leurs faux affilées

Raidissent leurs poignets ; la joie est à leurs fronts
Et leur pas est moins lourd, sur les herbes foulées.
Ils marchent à Jallais, et les républicains,
Réunis dans ce bourg, sont saisis par la crainte ;
Ils se cachent honteux aux fossés des chemins.
La lâcheté sur eux grave sa vile empreinte.

Jallais est pris d'assaut... Le front ensoleillé
D'un céleste rayon, Cathelineau s'élance,
Avec ses fiers conscrits, aux murs de Chemillé.
Il les a vus à l'œuvre, il connaît leur vaillance.
Il est plus brave encor, lui, cet humble artisan,
Devenu général ; brandissant une pique,
Il se jette aux canons... et déjà le présent
Indique l'avenir de cette âme héroïque.

Il s'empare, lui seul, au sommet d'un coteau,
De dix républicains et de trois couleuvrines.
« Courage, mes enfants ! clame Cathelineau,
Signez-vous de la croix et donnez vos poitrines
A la mort des vaillants ; il faut vaincre ou mourir ! »
Perdriau suit son chef, au fort de la mêlée ;
Tous ces audacieux ont juré de périr...
C'est fait ! Encore un coup, l'armée est ébranlée...

Les ennemis ont peur ; ils ont cessé le feu...
Le combat a pris fin ; les conscrits ont la ville...
La victoire est à nous ! « A genoux ! Vive Dieu ! »
Dit l'humble capitaine à sa troupe virile.

CHAUMIÈRE DE CATHELINEAU

Et les jeunes conscrits, les bras rouges de sang,
Jettent cette clameur aux échos de la lande :
« Toi qu'un jour de combat fit si noble et si grand,
« Marche, Cathelineau ! Sois notre chef ! Commande ! »

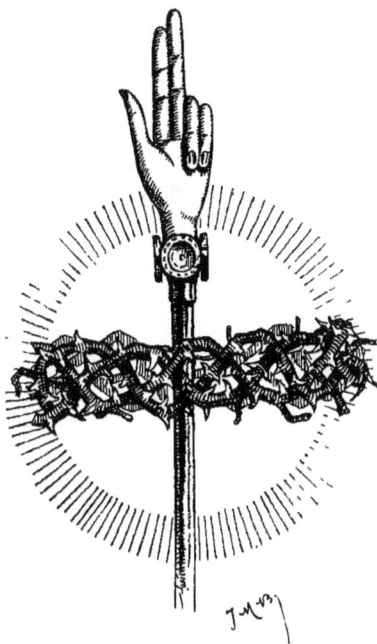

Vive le Christ ! Vive le Roi !

Et clamavit omnis populus et ait : Vivat Rex !
« Et tout le peuple cria : Vive le Roi ! »
(I Reg., x, 24.)

Un jour, dans notre France, une foule coupable,
Et blasphémant son Dieu, renversait sur le sable
La croix de Jésus-Christ, signe de notre foi.
Mais pour donner réponse à ces bandits farouches,
Au pays vendéen, plus de cent mille bouches
      Criaient : Vive le Christ! Vive le Roi!

La France ne voulait ni de Dieu ni de maître;
Louis Seize fut donc immolé comme un traître;
Sur l'échafaud sanglant, il mourut sans effroi.
Les fils de la Vendée, en face de tels crimes,
Bondissent pour venger de si pures victimes,
   Criant : Vive le Christ! Vive le Roi!

Nous saurons, disent-ils, pour cette noble cause,
Prendre le vieux fusil qui sous nos toits repose.
Accourez, vils bourreaux, nous sommes sans émoi.
Nous mourrons, s'il le faut, mais, du fond de notre âme,
Nous lancerons encor, comme dernière flamme,
   Ce cri : Vive le Christ! Vive le Roi!

Entre juifs et chrétiens, la guerre est déclarée...
Vous abattez la croix, cette chose sacrée,
Nous la voulons debout... N'est-ce pas notre droit?
Elle aura pour rempart notre simple courage;
Nous ne souffrirons pas que personne l'outrage...
   Venez!... Vive le Christ! Vive le Roi!

Vous avez outragé l'élu de Dieu sur terre,
Et vous avez tué notre roi, notre père...
Un bon fils doit venger son père, c'est la loi.
Nous venons demander justice par les armes;
Notre cœur et nos yeux ont du sang et des larmes...
   Venez!... Vive le Christ! Vive le Roi!

Ainsi parlaient alors nos courageux ancêtres.
Ils défendaient sans peur leur Dieu, leur roi, leurs prêtres,
Car c'étaient des chrétiens de véritable aloi.

Mais nous, que sommes-nous? Retrouvons le courage
En entendant sortir des tombes d'un autre âge
      Ces mots : Vive le Christ! Vive le Roi!

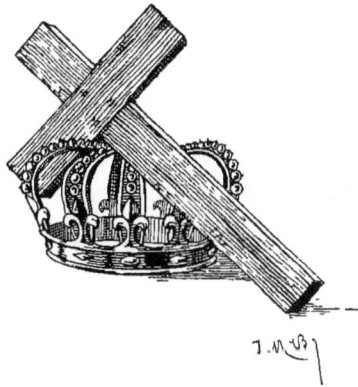

Chant des Conscrits de Cathelineau

*Dixeruntque ad eum : Veni et esto prin-
ceps noster, et pugna contra filios Ammon.*

« Et ses soldats lui dirent : Viens, sois
notre chef et combats les fils d'Ammon. »
(Judic., xi, 6.)

LE Christ est flagellé par la foule coupable,
D'un bandeau meurtrier on déchire son front ;
Mais un guerrier puissant, de son bras redoutable,
Vengera cet affront.

Dieu le veut ! Dieu le veut !
Combattons pour la France !
Mourons pour sa défense !
La France, elle est à Dieu.
Nous garderons sa gloire,
Les lis de son drapeau.
Dieu promet la victoire,
Avec Cathelineau !

Notre roi bien-aimé sur l'échafaud succombe ;
Les méchants à sa race ont lancé leurs défis.
Bientôt Cathelineau, sur la royale tombe,
Couronnera le fils.

Dieu le veut! Dieu le veut!
Combattons pour la France!
Mourons pour sa défense!
La France, elle est à Dieu.
Nous garderons sa gloire,
Les lis de son drapeau.
Dieu promet la victoire
Avec Cathelineau!

Israël est tombé! mais un Judas se lève!
La France saigne au cœur! Cathelineau, parais!
A l'appel du Seigneur, il faut brandir ton glaive;
Marche! nous sommes prêts!

Dieu le veut! Dieu le veut!
Combattons pour la France!
Mourons pour sa défense!
La France, elle est à Dieu.
Nous garderons sa gloire,
Les lis de son drapeau.
Dieu promet la victoire
Avec Cathelineau!

Pl. 21.

A
B
C

D

E
F
G

ARMAND
RDINAL DV
RICHELIE

PJ780
G

DÉTAILS DE LA PIÉCE

A
B
C

872

D
E
F
G

M
N
O
L

N°66   CULASSE.NA

H

M

N

O

L

O de Roche Brune fec

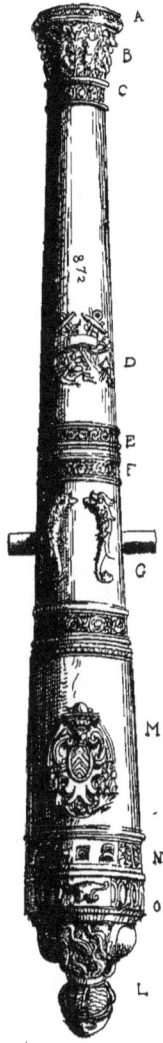

MARIE.LEANNE

25 mars 1874

Marie-Jeanne[1]

Leurs canons nous fauchent ? Qu'importe !
Si leur artillerie est forte,
Nous le saurons en l'enlevant.
En avant !
(P. Déroulède, Chants du Soldat.)

Marie-Jeanne semblait aux Bleus remplis d'orgueil
Un gage d'espérance.
Mais un jour a suffi pour qu'à leurs fronts le deuil
Remplaçât l'assurance.

Marie-Jeanne est au roi,
Désormais plus d'effroi.
Les Bleus ont dû comprendre
Que nous savons bien nous y prendre
Car nous chantions en l'enlevant :
En avant !

1. Premier canon pris par les Vendéens, au combat de Coron, le 10 mars 1793.

C'était un fier canon qu'ils se montraient joyeux
Et traînaient à leur suite.
Aujourd'hui, ce canon s'est retourné contre eux
Et les a mis en fuite.

Marie-Jeanne est au roi,
Désormais plus d'effroi.
Ils ont commis la faute
De nous laisser monter la côte.
Il faut parer le coup de vent,
En avant !

Quand, sur nous, Marie-Jeanne, au combat de Coron,
Vomissait la mitraille,
Nos ennemis chantaient ; mais ils baissent le front,
Vaincus dans la bataille.

Marie-Jeanne est au roi,
Désormais plus d'effroi.
Compagnons, cette histoire
Nous donne aujourd'hui la victoire.
Nous recommencerons souvent.
En avant !

L'âme de nos soldats, palpitante de feu,
De haine soulevée,
Convoitait Marie-Jeanne... Aux ennemis de Dieu
Nous l'avons enlevée.

Marie-Jeanne est au roi,
Désormais plus d'effroi.
On va bientôt l'entendre.

Les Bleus n'ont qu'à bien se défendre.
Et par derrière et par devant,
En avant !

Elle va maintenant aux Bleus lancer la mort
De sa gueule béante.
Courage, Vendéens ! Notre bras sera fort
Avec cette géante !

Marie-Jeanne est au roi,
Désormais plus d'effroi.
On la verra, terrible,
Cent coups sur cent toucher la cible,
Le sang des Bleus toujours buvant.
En avant !

Nous avons acheté des fleurs et des rubans ;
Nous l'avons décorée.
Mourons, pour la garder, au milieu de nos rangs,
De gloire ainsi parée.

Marie-Jeanne est au roi,
Désormais plus d'effroi,
Car de sa main fidèle
Chacun protégera la belle.
Allons ! les *gas*, dorénavant,
En avant !!!

J M BRETON

Rendez-moi mon Dieu !

Tulerunt Dominum meum.
« Ils m'ont enlevé mon Dieu. »
(Joan., xx, 13.)

Il était là, tout seul, ce brave Vendéen,
Contre dix ennemis, à son heure dernière...
Il était là, tout seul, murmurant sa prière,
Baisant la sainte croix qu'il pressait de sa main.

Son âme de héros ne perdit pas courage ;
Son front ne pâlit point, quand il vit près de lui
Les féroces bourreaux... Il avait pour appui
Son Christ, Dieu, pour braver cette horde sauvage.

Les tigres rugissaient ; de leur regard perçant,
Jaillissaient des éclairs ; leurs flancs battaient de joie ;

Devant eux, sans défense, ils contemplaient leur proie ;
Leur cruauté déjà flairait son noble sang.

Oh ! leur cœur était grand et leur âme héroïque !
Ils étaient dix contre un, et ne rougissaient pas ;
Ils étaient beaux ainsi, ces valeureux soldats,
Qui voulaient implanter chez nous leur république !

Le Vendéen priait, lorsque ce cri : « Rends-toi ! »
Comme un arrêt de mort, sortit des dix poitrines.
Le front resplendissant de lumières divines,
Le chrétien répondit : « Bourreaux, regardez-moi !

« Suis-je donc un enfant qu'on prend par les alarmes?...
Sachez qu'un Vendéen est un homme de cœur,
Qui préfère la mort à votre déshonneur.
Vous êtes dix contre un... c'est bien ! prenez vos armes ! »

Et les lâches frappaient... et leur glaive cruel
Se rougissait du sang de la pure victime.
Leur rire satanique applaudissait au crime ;
Lui, le martyr, priait et regardait le ciel...

Il embrassait du Christ la sainte et douce image,
Quand, d'un grand coup de sabre, un des soldats maudits
La brise insolemment, et les autres bandits
L'écrasent sur le sol, en vomissant l'outrage.

Le héros frémissait devant ces attentats...
Son sang coulait à flots par plus de vingt blessures ;
Mais, des chiens furieux oubliant les morsures,
Il demandait pardon pour chacun des soldats.

Et les cris redoublaient : « Paysan fanatique,
Rends-toi ! » Mais lui, levant son regard au ciel bleu,
Pour affirmer encor sa foi de catholique,
Il leur jeta ces mots : « Vous, rendez-moi mon Dieu ! »

La messe au fond des bois

Et la grande forêt paraissait comme un temple.
(ANDRÉ THEURIET.)

Nos aïeux les Gaulois, sous les chênes antiques,
Pour honorer leurs dieux farouches et cruels,
Au milieu des forêts, élevaient des autels,
Y répandaient à flots le sang pur des mortels,
Et dansaient en chantant leurs terribles cantiques.

Après avoir dicté les sentences des dieux,
Le druide parfois, en longue robe blanche,

3

Sur le dolmen, rougi par le sang qui s'épanche,
Du gui mystérieux portait la jeune branche...
Les guerriers regardaient, tremblants, silencieux.

Ainsi les Vendéens, dans les moments d'alarmes,
Se mettaient à genoux, au milieu de leurs bois ;
Ils adoraient un Dieu, mais un Dieu sur la croix,
Cherchaient à retrouver quelque écho de sa voix ;
Souvent leurs yeux pourtant étaient baignés de larmes.

Pourquoi?... C'est qu'en ces jours, au cri de liberté !
Les bourreaux sans pudeur fouillaient les consciences,
Payaient l'apostasie, insultaient aux croyances,
Et n'avaient de pardon que pour les défaillances :
C'est que partout le Christ était persécuté.

Alors, dans la Vendée, hommes, enfants et femmes.
Voyant la croix brisée et le temple détruit,
Comme les vieux chrétiens, au milieu de la nuit,
Dans des lieux ignorés se retiraient sans bruit,
Et par le sacrifice ils retrempaient leurs âmes.

Quelquefois un saint prêtre assemblait ses enfants,
Comme un berger, le soir, son troupeau pacifique,
Il leur disait : « Voyez, le ciel est magnifique,
Disposez pour l'autel la pierre druidique,
Jésus y descendra, vous serez triomphants. »

Une nuit, ces chrétiens, fuyant les hécatombes,
Après avoir passé les landes, les taillis,
Et décoré l'autel de leurs rameaux cueillis,

Au divin sacrifice assistaient recueillis,
Comme autrefois les saints, au fond des catacombes.

De jeunes Vendéens, leurs vieux fusils aux bras,
Veillaient faisant la garde, autour de la clairière.
Ils scrutaient les sentiers, les bois et la bruyère...
La messe commençait ; l'ange de la prière,
Devait les admirer, ses frères d'ici-bas !

Tous étaient prosternés, adorant en silence
Leur Dieu qui, dans la nuit, naissait comme à Noel ;
Les étoiles d'argent semblaient sourire au ciel
Et tout parlait de paix autour de cet autel,
Quand un grand cri soudain fit trembler l'assistance :

« Les Bleus ! voilà les Bleus !... » Le prêtre eut un soupir
En voyant le ciboire ouvert et plein d'hosties :
Mes forces, pensa-t-il, seront anéanties,
Avant que ce trésor tombe aux mains des impies...
Puis il continua la messe sans pâlir.

Les deux bras étendus, les femmes vendéennes
Accourent vers l'autel, le regard plein de feu :
« C'est à vous, Vendéens, de défendre ce lieu,
Disent-elles ; allez, ne craignez rien pour Dieu !
Il sera bien gardé, nous sommes des chrétiennes ! »

L'ennemi fut chassé... A l'autel tour à tour,
Les Vendéens, émus, marchèrent en silence ;
Heureux de leur triomphe, enivrés d'espérance,
Ils reçurent le Dieu qui donne la vaillance...
De ces fiers paysans le cœur battait d'amour.

Et se tenant debout, sous la blanche oriflamme :
« Maintenant, dirent-ils, disposés à partir,
Nous saurons avec Dieu mieux combattre et souffrir !
Et si même il le faut, qu'importé de mourir ?
Nous avons sauvé Dieu ! Dieu sauvera notre âme ! »

Le vieux château de Saint-Mesmin

Le jour naît, le combat continue à grand bruit,
La pâle nuit revient, ils combattent ; l'aurore
Reparaît dans les cieux, ils combattent encore.
(VICTOR HUGO, *Légende des siècles.*)

Depuis trois jours déjà, depuis trois longues nuits,
Le canon vomissait ses boulets, sa mitraille ;
Les donjons du castel étaient presque détruits :
Il ne restait debout qu'un vieux pan de muraille.

Des soldats vendéens défendaient ces débris ;
Les Bleus tiraient sans cesse... ils étaient quatre mille.
La rage, de leur cœur, faisait jaillir des cris,
Mais ne pouvait briser ce rempart si fragile.

Péault, le commandant des défenseurs du roi,
A ses soldats disait « A la mort! à la gloire!
Combattons sans trembler et mourons sans effroi,
Si nous ne devons point remporter la victoire! »

Et grandissant leur cœur, dans un sublime effort,
Les Vendéens visaient des vieilles meurtrières;
Chaque coup de fusil faisait passer la mort;
Leurs balles portaient bien, mais c'étaient les dernières.

Le sol était jonché des cadavres des Bleus;
Leur sang coulait à flots au fond de la vallée;
Ils jetaient vers le ciel des blasphèmes affreux;
Et leur troupe, un instant, même fut ébranlée.

Le chef républicain voulut parler de paix
A ces rudes chrétiens que l'on ne pouvait prendre,
Mais pour toute réponse il eut ce cri : « Jamais!
Tous ici nous savons mourir, mais non nous rendre! »

C'était le noble cri des soldats vendéens,
Arraché de leur cœur au milieu des prières;
Ils repoussaient encor tous les républicains,
Et n'ayant plus de poudre, ils leur lançaient des pierres.

Mais, depuis trois grands jours, ils n'avaient plus de pain!
Et leurs bras commençaient à tomber de faiblesse;
Sans armes, dévorés par la soif et la faim,
Le silence se fait... et la bataille cesse.

Et les républicains se mirent sur deux rangs;
L'estime dans le cœur, la louange à la bouche;
Car, malgré leur colère, ils admiraient les Blancs;
L'héroïsme en impose au cœur le plus farouche.

Alors, on vit sortir pâles, défaits, poudreux,
Les guerriers vendéens de leur dernier asile.
La besogne fut rude... Eux seuls, quarante-deux,
Ils avaient résisté trois jours à quatre mille.

Le Chapelet sous les balles

Clamemus in cælum, et miserebitur
nostri Dominus, et conteret exercitum
istum ante faciem nostram hodie.

« Crions vers le ciel : Le Seigneur
aura pitié de nous et il brisera cette
armée qui est en notre présence. »

(I Machab., IV, 10.)

Bressuire était aux Bleus... Son antique château,
Bâti par les Anglais sur les flancs d'un coteau,
Aux Vendéens montrait sa solide muraille,
Assise sur le roc, toute en pierres de taille.

Au fond de la vallée, avec fureur, les Blancs
Tiraient sur ces remparts et les frappaient aux flancs ;
Mais, malgré leur vaillance et leur terrible étreinte,
Pas une pierre encor ne tombait de l'enceinte.

Ils s'étaient élancés furieux aux remparts,
Les avaient sous le feu cernés de toutes parts ;
Ils avaient fait pleuvoir sur eux leurs projectiles ;
Mais le granit riait de leurs efforts stériles.

Les Vendéens étaient, à cette heure, irrités,
De se voir par un mur si longtemps arrêtés ;
La rage, de leurs yeux, faisait tomber des larmes.
Et, pris de désespoir, plusieurs brisaient leurs armes.

Et les Bleus triomphaient... Sur leurs épaisses tours,
Ils chantaient : « Les brigands sont vaincus pour toujours,
Il faudra désormais que leur orgueil se taise ! »
Et, moqueurs, ils hurlaient l'ignoble Marseillaise.

Soudain, sur le vieux pont, on vit des Vendéens,
Nombreux, serrés, ardents : c'étaient les Poitevins ;
Près d'eux était leur chef, le marquis de Lescure :
On le reconnaissait à sa douce figure.

Sans craindre la mitraille et sans peur des boulets,
Ces courageux chrétiens prirent leurs chapelets.
Quand sur eux des canons s'abattait la furie,
Ils redisaient : « Priez pour nous, Vierge Marie ! »

En voyant, des remparts, ces hommes à genoux,
Les Bleus, pleins de mépris, multipliaient leurs coups.
Les Vendéens disaient : « Pensez à nous, ô Mère,
Et donnez à nos bras votre aide salutaire ! »

Tout à coup, Marigny, l'intrépide soldat,
Fond sur eux en criant : « Au combat ! au combat !
Il faut vaincre ou mourir ! Poitevins, le temps presse !
Il faut chasser les Bleus, prendre la forteresse !

— Laissez-les, dit Lescure, en regardant les cieux,
Oh ! laissez-les prier ! ils s'en battront bien mieux !
Quand un homme au Seigneur sait dire une prière,
Cet homme est invincible, à lui la terre entière ! »

Lescure se relève et, le front rayonnant :
« Soldats de Dieu, dit-il, à l'assaut, maintenant !
Le moment est venu ! c'est l'heure solennelle !
Fiers chrétiens, en avant ! c'est Dieu qui vous appelle ! »

Les Poitevins alors, à cet ordre divin,
S'élancent aux remparts qu'avait pris Duguesclin,
Les prennent à leur tour, mettent les Bleus en fuite,
S'emparent de la ville et vont prier ensuite.

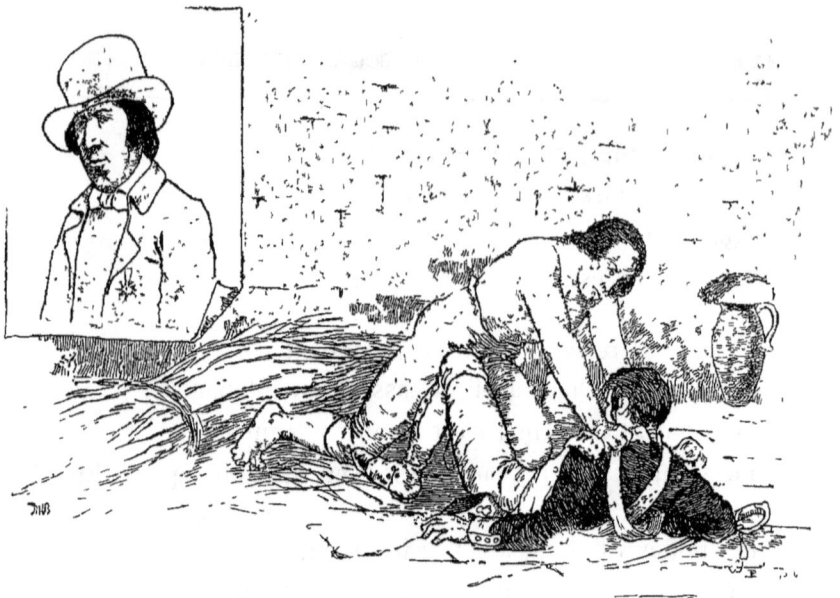

Pierre Bibard

Diligite inimicos vestros.
« Aimez vos ennemis. »
(Matth., v, 44.)

Le seize mai de l'an quatre-vingt-treize,
Dans la Vendée, on souffre... et rien n'apaise
Les longs tourments des généreux martyrs.
Le Bleu triomphe, en comptant leurs soupirs...
Monsieur Henry, pour l'Eglise et la France,
A Fontenay, contre les Bleus s'avance.
Terrible choc! Stofflet est avec lui.
Pierre Bibard, dont le bras fut l'appui

De la Vendée en plus d'une bataille,
Bibard est là... Sous le feu, la mitraille,
Les Vendéens résistent... Ces combats
Font un héros de chacun des soldats.
Le sang versé, les poitrines ouvertes,
Les corps foulés, sur les pelouses vertes,
Tout les enivre et les pousse aux exploits,
Aux coups géants des Roland d'autrefois.
Sans reculer, en face du martyre,
Quand la mort vient, elle les voit sourire.
Que peuvent-ils...? Ils sont un contre vingt...
Donner leur sang...? Ils le versent en vain...
Mais ils voudraient garder leur *Marie-Jeanne*
Et l'enlever à la horde profane...
Pierre Bibard combat seul désormais,
Ses compagnons reposent pour jamais.
Couvert du sang de ses vingt-deux blessures,
Il tue encor... Ses mains sont toujours sûres.
Mais épuisé de fatigue et de faim,
Il roule inerte au gazon du chemin.
Les Bleus, joyeux de leur riche capture,
L'ont entouré... Les tourments et l'injure
Pleuvent sur lui, mais Bibard est chrétien :
Comme le Christ, il souffre, il ne dit rien.
Frappé, sanglant, il entre dans la ville,
Le corps brisé, mais l'âme bien tranquille ;
Il est jeté, par ces lâches bandits,
Dans la prison : la Tour de Charles dix.
Son dur geôlier, fils de la République,
Prolonge alors la cruauté publique.
Du chapelet que Bibard, sur son cœur,
Portait toujours, le Bleu frappe en fureur

Le front chrétien de cette âme vaillante ;
Sous son long sabre, à la pointe effrayante,
Il met sa joie à voir couler le sang.
Suprême horreur ! A cet homme innocent
Il prend l'habit qui collait à ses plaies,
L'arrache... Et nu, sur des débris de claies,
Le Vendéen, rayonnant, toujours beau,
Tombe en priant pour l'infâme bourreau.
Pendant dix jours, le tourment continue...
La délivrance est-elle enfin venue...?
Des cris!!! Le Bleu, son arme dans la main :
« Chouan, dit-il, toi, tu mourras demain,
La République entonne sa victoire... »
Bibard écoute aussi ces chants de gloire...
Et bondissant sur le gardien surpris :
« Je les connais, dit-il, ces joyeux cris !
Rends-moi ton arme et livre tes cartouches !
Car sache bien, ces chants tombent des bouches
Des Vendéens... Moi, je sais les chansons
Et de Lescure et de ses fiers garçons... »
Il disait vrai... C'était bien la revanche,
Et les lauriers pour la cocarde blanche...
Le vil geôlier, d'épouvante transi,
Rend à Bibard cartouches et fusil...
Et le soldat, perdu dans la défaite,
Est retrouvé... Pour tous c'est jour de fête.
Dressant alors son corps endolori,
Devant les chefs, devant Monsieur Henry,
Pierre Bibard, à son gardien qui tremble,
Dit ces deux mots : « Je pourrais, il me semble,
Avoir mon tour, te tuer comme un chien.
Je veux t'aimer, car, moi, je suis chrétien :

Au nom du Christ, geôlier, je te pardonne... »

. . . .

. . . .

Monsieur Henry sent son cœur qui frissonne :
« Bibard, dit-il, tu pardonnes au Bleu,
Je t'applaudis comme un soldat de Dieu.
Un tel pardon creusera bien sa trace
Dans l'avenir... Viens là que je t'embrasse ! »

Une souscription est ouverte, chez M. le curé de La Tessoualle (Maine-et-Loire), pour élever une statue à ce vaillant soldat, à ce noble chrétien.

Les soldats de Marigny

*Tunc abiit unus... qui dicebatur Judas
Iscariotes... et ait : Quid vultis mihi
dare, et ego vobis eum tradam ?*

« L'un d'eux, appelé Judas Iscariote,
s'en alla... et dit aux Juifs : « Combien
voulez-vous me donner, et je vous le
livrerai ? »

(Matth., xxv, 14-15.)

Marigny, Marigny, tes soldats sont en pleurs !
Ils vont, les yeux baissés, le front noir de tristesse,
Brisés du désespoir qui bat l'âme et l'oppresse,
Et le cœur débordant des flots de leurs douleurs.

Toi, qui nous as conduits si souvent à la gloire,
Sans toi pouvons-nous donc espérer la victoire?
Marigny, Marigny, tes soldats sont en pleurs!

Marigny, Marigny, tes soldats sont en pleurs!
Sous le fer et le feu nous chantions ta vaillance,
Ta fierté de soldat, ton cœur sans défaillance,
Et nous t'avions donné tout l'amour de nos cœurs,
Quand un traître est venu, sur ta gloire si pure,
Répandre à pleines mains les soupçons et l'injure.
Marigny, Marigny, tes soldats sont en pleurs!

Marigny, Marigny, tes soldats sont en pleurs!
Ils l'ont bien vu venir, cet homme au regard louche,
Mais alors il avait le sourire à la bouche.
Nous, simples paysans, modestes travailleurs,
Pouvions-nous donc penser sans péché que ce prêtre,
Sous ces dehors, cachait l'âme noire d'un traître?
Marigny, Marigny, tes soldats sont en pleurs!

Marigny, Marigny, tes soldats sont en pleurs!
Tu devais de Bernier devenir la victime.
« Sa tombe au moins sera muette sur un crime »,
Disait cet homme fourbe à tes exécuteurs.
Oui, ta rare bravoure et ta bouche loyale
Nuisaient depuis longtemps à cette âme vénale.
Marigny, Marigny, tes soldats sont en pleurs!

Marigny, Marigny, tes soldats sont en pleurs!
Pour tomber en martyr, à ton heure dernière,
D'un prêtre tu voulus la divine prière,
Grâce toujours donnée aux plus grands malfaiteurs;
Mais lui, ton ennemi, mais lui, cet homme infâme,

Refusa d'accorder ce secours à ton âme...
Marigny, Marigny, tes soldats sont en pleurs !

Marigny, Marigny, tes soldats sont en pleurs !
Tu te mis à genoux, le front dans la poussière,
Là-bas sous les vieux pins, près de la Girardière.
Lui cherchait des bourreaux, et tous les nobles cœurs
Qui combattaient pour Dieu, pour la foi de la France,
Refusèrent leurs bras à cet homme en démence.
Marigny, Marigny, tes soldats sont en pleurs !

Marigny, Marigny, tes soldats sont en pleurs !
Il prit quatre Allemands et leur souffla sa rage,
Les paya largement pour ce honteux ouvrage.
Du remords, je ne sais s'il sentit les horreurs,
Mais ce nouveau Caïn portera sur sa joue
Et la tache de sang et la tache de boue.
Marigny, Marigny, tes soldats sont en pleurs !

Marigny, Marigny, tes soldats sont en pleurs !
Quand tu vis les bourreaux qui préparaient leurs armes,
Calme était ton beau front, tes yeux étaient sans larmes ;
Déjà du ciel promis tu voyais les splendeurs,
Puis ton âme laissa tomber ce cri suprême :
« Je tombe pour le Christ et pour le roi que j'aime !... »
Marigny, Marigny, tes soldats sont en pleurs !

4

Renée Bordereau

Fecisti viriliter, et confortatum est cor tuum.

« Tu as agi virilement et ton cœur n'a pas eu peur. »

(Judith, xv, 11.)

Un soldat vendéen était en sentinelle...
Sous son large chapeau tombaient cheveux soyeux ;
Sa beauté de vingt ans, la douceur de ses yeux,
Cachaient d'un vieux guerrier la brûlante étincelle.

Scrutant de ses regards les buissons, les chemins,
Il était là pensif, à côté d'un vieux chêne ;
Sur sa lèvre, on voyait un sourire de haine ;
Il tenait son fusil de ses deux jeunes mains.

Un bruit confus soudain vint frapper son oreille :
Il entendit des voix ; les branches se froissaient...

Et vit sur des chevaux quatre Bleus qui passaient,
Couverts encor du sang qu'ils répandaient la veille.

Notre petit soldat releva son fusil
Et fit tomber à terre un ancien capitaine.
« Rendez-vous ! cria-t-il, troupe républicaine ;
Halte-là ! rendez-vous ! les brigands sont ici ! »

Les Bleus surpris, troublés, le cœur battu d'alarmes,
Croyant être entourés de milliers de soldats,
S'arrêtent en criant : « Nous ne résistons pas. »
Et le Vendéen dit : « Alors, jetez vos armes !

« Et maintenant encor, descendez de cheval !
Si l'un de vous hésite, il verra ma colère :
Descendez !... » Et les Bleus ont déjà pied à terre...
« Bien ! je vais vous conduire à notre général. »

Les trois Bleus s'avançaient, dévorés par la rage
De se voir prisonniers aux mains d'un jeune enfant.
Et le petit soldat les suivait triomphant.
« Général, regardez, dit-il, c'est mon ouvrage ! »

Et le chef répondit : « C'est le fait d'un ancien.
Je te proclame, enfant, digne de la famille. »
Puis, s'adressant aux Bleus : « Par la main d'une fille,
Être vaincus, soldats, diable, ce n'est pas bien ! »

Marie-Louise
du Verdier de La Sorinière

Dieu lui dit : « Viens, enfant, fuis cette aride plage,
« Viens, dirige tes pas vers le sacré rivage ;
« D'une gloire immortelle on y cueille les fleurs... »
(Mlle *Elize Moreau à M. de Lamartine.*)

Quand, à Nantes, Carrier, de sinistre mémoire,
Du sang des Vendéens rendait rouge la Loire,
Dans la ville d'Angers, un loup non moins cruel
Les dévorait aussi... C'était de Francastel !...

A la mort, chaque jour, avec d'affreux blasphèmes,
Il envoyait vieillards, femmes, enfants eux-mêmes.
Dans les murs des prisons, le sang coulait à flots ;
On n'entendait partout que plaintes et sanglots.

Or, au martyre, un jour, allaient de longues files
De femmes d'un grand âge, et d'âmes juvéniles.
Triste était le trajet, les pleurs étaient aux yeux ;
Une captive seule avait le pas joyeux.

Marie-Louise était l'honneur de sa famille,
Et le ciel bénissait la pure jeune fille.
La grâce illuminait ses traits épanouis :
Elle avait la beauté de la rose et du lis.

Les martyres allaient vers la place fatale.
Et les bourreaux, poussés par la haine brutale,
Par leurs propos grossiers insultaient au malheur,
Et les cœurs défaillaient de honte et de douleur.

Marie-Louise alors d'une voix angélique
Entonna, dans la marche, un sublime cantique
Qui, domptant des bourreaux l'indigne cruauté,
Vint rendre aux cœurs tremblants un peu de fermeté.

Les femmes en effet levèrent leur visage,
Affermirent leurs pas et reprirent courage.
La fureur des soldats devant tant de grandeur
S'apaisa... La pitié fit battre plus d'un cœur.

Un officier des Bleus, ému, s'approcha d'elle...
« Voulez-vous m'épouser ? ô noble demoiselle.
Acceptez-vous ma main ? parlez, je puis encor
Effacer votre arrêt, vous sauver de la mort. »

La douce jeune fille, à ces mots, le regarde,
Puis, indiquant le ciel : « Non, dit-elle, il me tarde
De m'envoler là-haut, laissez-moi mon essor...
A ton amour, soldat, je préfère la mort ! »

Sous les balles des Bleus, les femmes vendéennes
Tombèrent tour à tour en vaillantes chrétiennes ;
Marie-Louise encor dans ses chants louait Dieu,
Quand l'officier, pleurant, fit commander le feu.

Les deux bras étendus, calme dans sa prière,
La jeune fille, au cœur, reçut la charge entière...
Mais ses lèvres avaient un sourire immortel.
« C'est vrai, dit l'officier, elle est bien mieux au ciel ! »

Combat
du bois du Moulin aux Chèvres

Un ruisseau de pourpre erre et fume dans le val.
(V. Hugo, *Légende des siècles.*)

Westermann, dont la rage avait pour aiguillon
La haine de Satan, — un jour dans la Vendée,
L'insulte sur la lèvre et l'âme possédée,
Pour y verser le sang, courait à Châtillon.

Il voulait, disait-il, détruire le repaire
Des brigands qui luttaient contre la liberté ;

Il fallait pour cela la froide cruauté,
L'incendie et le sang, le meurtre et la colère.

Il venait allumer, pour vaincre tous espoirs,
Un immense brasier aux dévorantes flammes,
Et faire ainsi périr hommes, enfants et femmes,
Taillis, fermes, troupeaux, bourgs, villes et manoirs.

Westermann s'avançait avee ses dix mille hommes,
Mais il trouva bientôt La Rochejacquelein,
Lescure, qui tous deux lui barraient le chemin,
En disant : « Résistons, si faibles que nous sommes ! »

Ils n'avaient en effet que trois mille soldats,
Mais des guerriers brûlants d'ardeur et de vengeance,
Des chrétiens dont les cœurs débordaient de vaillance
Et qui n'avaient jamais reculé d'un seul pas.

Westermann se présente et le combat s'engage,
Terrible, échevelé, sur les flancs d'un coteau ;
Dans le fond du vallon, le sang coule en ruisseau...
Les Vendéens d'abord remportent l'avantage.

Westermann, furieux, va, vient, vole partout,
Excite ses soldats par mille stratagèmes,
Et leur crie, au milieu de sauvages blasphèmes :
« Passons ! car c'est la mort ou la victoire au bout ! »

Chez les Blancs, Duplessis et de La Bigotière,
Le corps criblé de coups, tombent aux premiers rangs.
Les Bleus jonchent le sol de leurs soldats mourants ;
Ils traversent pourtant des Blancs la troupe entière.

Westermann est vainqueur... mais il reste impuissant.
Il en pleure, et, dit-on, il perd dans la mêlée
Quatre mille soldats... Au fond de la vallée,
Un vieux moulin tourna, trois longs jours, dans leur sang.

Les sentinelles

Et les martyrs avaient dispersé les bourreaux.
(P. Déroulède, *Chants du soldat.*)

Ils s'en allaient tous deux, bras dessus, bras dessous,
Le cœur contre le cœur, les cheveux à la brise,
Les pieds nus, l'œil au guet, sans crainte des grands loups...
La lune était au ciel, sur un nuage assise.
Ils étaient frère et sœur, ils n'avaient pas dix ans ;
Leur visage était beau, blonde leur chevelure.
Noblesse sur le front, les deux petits enfants

Allaient en écoutant, dans cette nuit obscure.
Les Vendéens, lassés par quatre grands combats,
Prenaient dans la forêt, sur un lit de feuillage,
Un instant de repos. Ces valeureux soldats
En avaient bien besoin après ce rude ouvrage.
Ils dormaient... Auprès d'eux étaient leurs vieux fusils
Et leurs terribles faux, lançant des étincelles.
Pendant que ces héros se reposaient ainsi,
Les deux petits enfants faisaient les sentinelles.
Ils y mettaient leur cœur... sous les genêts épais,
Leur regard se glissait et scrutait les ténèbres,
Nul bruit n'était perçu... partout silence et paix,
Et seulement les cris des lourds oiseaux funèbres.
Leurs petits pieds frappaient aux cailloux du chemin,
Ils saignaient bien parfois aux ajoncs de la lande...
« Qu'importe? disaient-ils, en se donnant la main,
Allons, veillons toujours! le devoir nous commande!
Veillons sur le sommeil de ceux qui sont là-bas,
Ils sont si fatigués! de repos ils n'ont guère;
Allons! frère, allons! sœur, ne nous endormons pas!
Pour eux, il faut demain continuer la guerre.
S'ils répandent leur sang, c'est pour Dieu, c'est pour nous;
Seigneur, Seigneur Jésus, donnez-leur le courage! »
En prononçant ces mots, ils tombent à genoux...
Un doux rayon de lune éclairait leur visage...
Mais soudain, dans la nuit, retentit auprès d'eux
Un bruit confus de voix, puis un cliquetis d'armes,
Les enfants sont debout... ils découvrent les Bleus,
Ils volent vers le camp pousser le cri d'alarmes.
Mais les républicains les ont vite entourés,
Et posé sur leur cœur l'acier des baïonnettes.
Les deux petits enfants ne sont point atterrés;

La fierté les grandit et relève leurs têtes.
« Prenez garde ! marmots, leur disent ces soldats
Avec leur grosse voix et leurs hideux blasphèmes,
Si vous poussez un cri, si vous faites un pas,
Tous deux, nous le jurons, vous mourrez ici même. »
Les deux vaillants enfants, sans redouter la mort,
Car ils savent que Dieu de son ciel les regarde,
Jettent ces mots au loin, dans un suprême effort :
« Les Bleus ! voici les Bleus ! Vendéens, prenez garde ! »
Ils tombent sous les coups, le front illuminé ;
De leur cœur transpercé le sang à flots ruisselle.
Mais au camp vendéen le signal est donné,
Chaque soldat saisit sa vieille arme fidèle.
Les bourreaux de Grignon bientôt sont terrassés ;
Dans les bois, les genêts, sur la verte bruyère,
Les morts et les mourants partout sont entassés,
Et leur sang en ruisseaux coule dans la clairière...

. . . .

Et les petits enfants, couchés sur le chemin,
Rayonnaient, dans la mort, des clartés du martyre.
Tous deux ils se tenaient encore par la main...
On ne pouvait pleurer, en les voyant sourire.

Le capitaine Roucher, du Pin

Erat vir fortis.
« C'était un homme courageux. »
(1 Reg., IX, 1.)

C'était un rude capitaine,
　　Roucher, le Vendéen.
Toujours en avant pour la peine,
　　Le dernier au butin.

On chantait partout sa vaillance
　　Chez les soldats du roi.
Son vieux fusil, sa longue lance
　　Des Bleus étaient l'effroi.

Lescure, admirant sa grande âme
　　Et le voyant si bon,
Sachant pour Dieu sa noble flamme,
　　En fit son compagnon.

Roucher montra, par son courage,
　　Qu'on le connaissait bien,
Et qu'il avait, en apanage,
　　L'honneur avant tout bien.

Non, jamais, aux grandes batailles,
　　On ne le vit plier ;
Et quand on montait aux murailles,
　　Il était le premier.

Dans les genêts, la forêt sombre,
　　Quand il était au feu,
Il luttait, sans compter le nombre
　　Des ennemis de Dieu.

Quand il s'élançait dans la plaine,
　　Terrible de valeur,
Taillant, sabrant, à bout d'haleine,
　　Les Bleus transis de peur ;

Quand il courait, bouillant d'audace,
　　Sur les canons des Bleus,
Quand nos soldats suivaient sa trace
　　Et combattaient joyeux ;

Quand de l'ennemi la défaite
　　Faisait battre les cœurs,
Chefs et soldats lui faisaient fête,
　　Avec grandes clameurs.

Honneur ! louange au capitaine !
　　Car Roucher aujourd'hui
Fut de la troupe vendéenne
　　Le plus solide appui.

A Cholet, grâce à ses mesures,
　　Le succès fut pour nous.
Il reçut là dix-sept blessures,
　　Et luttait à genoux.

Roucher, n'en déplaise à nos braves,
　　A nos soldats français,
Qui de la honte sont esclaves,
　　En ne priant jamais,

Roucher aimait Dieu ; sa prière
　　Au secours l'appelait ;
Roucher, le front dans la poussière,
　　Disait son chapelet.

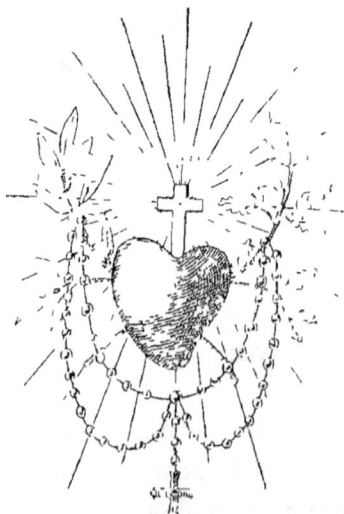

Les petits canonniers de Chemillé

L'enfant parlait ainsi d'un air de loyauté,
Regardant tout le monde avec simplicité.
(VICTOR HUGO, *Légende des siècles*.)

Le combat s'engage,
Partout c'est la rage,
L'aveugle fureur ;
Le canon résonne,
La terre frissonne
De trouble et d'horreur.

La lutte sanglante,
D'abord assez lente,
Grandit en tous lieux.
Des cris de détresse
S'élèvent sans cesse
Et montent aux cieux.

Le sang, dans l'ornière,
Rougit la poussière
Et coule fumant.
Un nuage sombre
Couvre de son ombre
Le bleu firmament.

Du front des armées,
De haine enflammées,
S'échappe l'éclair.
On dirait la foudre,
Quand brille la poudre
Et sonne le fer.

Blancs et Bleus se mêlent ;
Les blessés chancellent,
Tombent sur les morts.
La houleuse foule
Court, écrase et roule
Sous ses pieds les corps.

Mais les catholiques,
Soldats héroïques,
Reculent pourtant.
Une troupe immense
D'ennemis s'élance
Toujours en avant.

Bientôt la victoire
Va couvrir de gloire
Les républicains.
Déjà, sur la route,
On voit la déroute
De nos Vendéens.

Sous le nombre, ils baissent ;
Fugitifs, ils laissent,
Seul, à l'abandon,
Sur une colline,
Près d'une chaumine,
Leur plus beau canon.

Mais, pleins de courage,
Malgré leur jeune âge,
Deux petits enfants
Inspirés s'avancent,
Au canon s'élancent...
Ils n'ont pas douze ans !

Les enfants, en face,
Attendent que passe
L'ennemi vainqueur ;
Puis la mèche fume...
La poudre s'allume...
Droit au but !... bonheur !

Et ce coup renverse
Les Bleus, les transperce,
Les glace d'effroi ;
Bientôt, dans la plaine,
Au combat ramène
Les soldats du roi.

Par ce sort étrange,
La fortune change ;
Des soldats chrétiens
L'ardeur triomphante
Sème l'épouvante
Aux rangs des païens.

De vive allégresse
Et de folle ivresse,
Bat le cœur des Blancs ;
Victoire ! Victoire !
Aujourd'hui la gloire
Est à deux enfants !

Triomphants et graves,
Les deux petits braves
Chantent : « Gloire à Dieu !
Notre faible enfance
Par obéissance
A sa voix fit feu ! »

Le puits de Clisson

Le puits comme une fosse au fond d'un cimetière
Est là béant.
(VICTOR HUGO, *Légende des siècles.*)

Près de Clisson, les soldats vendéens
Étaient vaincus malgré leur grand courage :
Six cents captifs étaient dans les liens
D'un ennemi tout transporté de rage.

On pouvait voir, au nombre des captifs,
Petits enfants, seuls débris des familles,
Femmes, guerriers, quelques vieillards chétifs ;
Il s'y trouvait beaucoup de jeunes filles.

On les parqua, comme de vils troupeaux,
Tous enchaînés, privés de nourriture.
Pendant ce temps, les infâmes bourreaux
Pour ces chrétiens rêvaient une torture.

Une citerne immense s'ouvrait là,
Pleine de vase et d'une odeur fétide...
Et les bourreaux, riant avec éclat,
Dirent soudain : « Oui, ce sera splendide. »

Le puits profond (ils s'étaient tous compris)
Allait servir de sépulcre aux victimes.
Les condamnés ne furent pas surpris :
De ces bandits ils connaissaient les crimes.

Les Vendéens furent conduits tout près
De cet abîme ; ils firent leur prière
Tranquillement, parce qu'ils étaient prêts
Depuis longtemps à leur heure dernière.

Ils embrassaient tous les petits enfants
Et leur disaient : « Vous, les frères des anges,
Avec Jésus vous serez triomphants ;
Allez au ciel pour chanter ses louanges ! »

Les Bleus, surpris mais non pas détournés
Par ce grand calme en face du supplice,
Poussent d'abord les guerriers enchaînés,
Et les vieillards au fond du précipice.

Un bruit lugubre, immense cri d'appel,
Monte du fond de l'horrible citerne ;
Et les bourreaux, pris d'un rire cruel,
Vociféraient des propos de taverne.

Puis, à leur tour, les femmes, les enfants,
Y sont lancés, avec les jeunes filles.
Ainsi parfois, sous les noirs ouragans,
Tombent les fleurs, même les plus gentilles.

Le puits se comble et de chair et de sang,
Les corps pressés l'un sur l'autre s'entassent ;
Et sur les bords de ce tombeau vivant,
De blasphémer les bourreaux ne se lassent.

Mais cet abîme est encor trop étroit ;
Quelques martyrs ressortent de leur tombe ;
Les scélérats piétinent ce surcroît,
Pour enfouir leur humaine hécatombe.

Pendant deux jours, d'indicibles soupirs
Montent aux cieux... Vint enfin le silence...
On recouvrit la tombe des martyrs ;
On y grava ces mots : « Morts pour la France ! »

O. de Rochebrune fec.   Le donjon et le puits du Château de Clisson en 1844   14 août 1897

Julie Tricot

Singulos illorum hortabatur voce patria fortiter.

« Elle encourageait chacun d'eux d'une voix forte. »

(II Mach., VII.)

Le massacre passait dans toute la Vendée ;
La colonne infernale allumait ses brûlots,
Elle incendiait tout, versait le sang à flots ;
Notre pauvre province en était inondée.

Dans dix combats vaincus par les soldats du roi,
Qu'ils avaient méprisés et qu'ils traitaient d'infâmes,
Ces fiers républicains tuaient enfants et femmes,
Dont le seul crime était d'avoir encor la foi.

Le général Grignon, cet homme sans entrailles,
Et qui n'eut d'autre loi que sa férocité,
Massacrait par plaisir, vantait sa cruauté;
Ayant soin de s'enfuir la veille des batailles.

Un jour, il se trouvait au village du Pin.
Les habitants tremblaient, car ils étaient sans armes.
Et, pour fléchir le monstre, ils viennent avec larmes
Offrir à ce bourreau leur argent et leur pain.

Et le brigand riait, d'un rire satanique,
Devant ces malheureux implorant sa pitié :
« Je veux bien vous donner, dit-il, mon amitié,
Mais criez tout d'abord : Vive la République ! »

Il entendit monter ce cri : « Vive le Roi !
De Louis nous portons tous la blanche cocarde ;
Frappe-nous, si tu veux, chacun de nous la garde ;
Nous mourrons en chrétiens, sans regrets, sans effroi ! »

Grignon, surexcité par ce trait d'héroïsme,
En lançant un juron fixe aussitôt leur sort :
« Que ces pieux bandits soient conduits à la mort !
Tuez-les lentement », dit-il avec cynisme.

Et parmi ces chrétiens, ces généreux martys,
Une femme était là, sublime de courage :
Un doux rayon du ciel éclairait son visage,
Elle avait pour la mort d'ineffables désirs.

« Soyez forts, disait-elle, et ne craignez personne !
Frères, Dieu vous attend pour couronner vos fronts;
Embrassez vos liens et buvez vos affronts ;
Dans le ciel entr'ouvert, voyez-vous la couronne?

« Pour régner avec Dieu, vaillants chrétiens, il faut
Que du courage en nous se ranime la flamme ;
Notre Christ a voulu sur un gibet infâme
Mourir, et notre roi monta sur l'échafaud. »

Et les bourreaux frappaient ces chrétiens sans defense.
Leurs longs sabres passaient et repassaient sanglants.
En disant des horreurs, ils entr'ouvraient les flancs
Des femmes qui tombaient en priant pour la France.

Julie était debout ; ô spectacle cruel !
Elle avait vu mourir son époux et son père,
Son enfant et sa sœur, son beau-père et sa mère :
Elle disait toujours : « Chrétiens, montez au ciel ! »

Et, couverte du sang de ses quinze blessures,
Elle dit au bourreau : « J'ai vu les miens périr,
Je suis seule sur terre, allons ! fais-moi mourir !
Dieu garde le bonheur aux âmes qui sont pures. »

Mais Grignon refusa ; son esprit infernal,
Pour la faire souffrir, voulut la laisser vivre.
« Tu veux aller au ciel, et ce désir t'enivre.
Tu n'y monteras pas ! » dit-il, d'un ton brutal.

Sous bois

Elle se dressa droite au bord du lit étroit
Et menaça le monstre avec son petit doigt.
(VICTOR HUGO, *L'Art d'être grand-père.*)

Pendant que le pays, dans le sang et les flammes,
Disparaissait partout et que de nobles âmes
    Combattaient pour la Croix,
D'humbles femmes, cédant à mille cris d'alarmes,
Désertaient leurs foyers, les yeux remplis de larmes,
    Pour fuir au fond des bois.

Au milieu des genêts dans les forêts ombreuses,
La crainte rassemblait toutes ces malheureuses
    Et leurs petits enfants.

Le chef, c'était parfois quelque vieux patriarche
A la voix paternelle, à la lente démarche,
    Orné de cheveux blancs.

On croyait être en paix... La nuit, au pied d'un hêtre,
Souvent on entendait la messe d'un vieux prêtre,
    Sur un rustique autel.
On priait pour les morts... Alors dans la nuit noire,
C'était un doux concert. L'ange du purgatoire
    L'emportait vers le ciel.

« Dieu, donnez le repos et la grâce dernière
A nos morts bien-aimés qui dorment sous la pierre,
    Ils ont lutté pour vous;
Pitié! pitié, Seigneur! et malgré leurs offenses,
Par votre sainte croix abrégez leurs souffrances,
    Nous sommes à genoux! »

Puis on priait aussi pour les soldats fidèles,
Qui combattaient, vaillants, les cohortes cruelles
    Des égorgeurs de rois;
Pour ceux qui défendaient, sans songer à leur vie,
L'honneur du Tout-Puissant, l'honneur de la patrie :
    Et les lis et la croix.

Le chapelet passait dans ces mains amaigries :
Des larmes s'épanchaient, sur les feuilles flétries,
    Avec le même vœu :
« O Seigneur, disait-on, veillez sur votre gloire;
Donnez à nos époux, à nos fils, la victoire,
    Pour la France et pour Dieu! »

Après avoir prié, la foule recueillie
Préparait en pleurant le linge et la charpie,
        Pour les pauvres blessés.
Et pendant ce travail, hélas! plus d'une femme
Pensait aux êtres chers que son amour réclame,
        Époux ou fiancés.

Quant aux petits enfants, derniers de la famille,
Ils se disaient entre eux, de leur voix qui babille :
        « Ah! quand nous serons grands,
Nous prendrons un fusil et nous irons, sans crainte,
Sous le drapeau royal faire la guerre sainte
        Contre tous les méchants! »

Et les cœurs maternels saignaient de ces paroles,
Mais, voyant des martyrs les saintes auréoles :
        « Oui, nous voulons aussi;
Grandissez, pour offrir à Dieu ce sacrifice,
Vous grossirez les rangs de la sainte milice,
        Si Dieu le veut ainsi. »

Or, pendant qu'en ces lieux brillait tant de vaillance,
Les Bleus continuaient à nourrir leur vengeance,
        Il leur fallait du sang.
Ces tueurs de vieillards, ces pourvoyeurs de crimes,
Au fond des bois cherchaient les plus pures victimes,
        Le faible, l'innocent.

Pour fouiller les genêts, ces lâches démagogues,
N'osant pas s'y risquer, avaient dressé des dogues,
        Pleins de férocité.
Ces animaux allaient, dociles à leurs maîtres,
Ils savaient découvrir des femmes et des prêtres
        Le refuge écarté.

Quand on voyait passer, rapides, hors d'haleine,
Ces monstres hérissés coupant l'immense plaine,
    Ou les grands prés en fleur,
L'oreille redressée, aboyant de colère,
Quand on voyait ainsi la meute sanguinaire,
    On avait froid au cœur.

On savait en effet que les Bleus par derrière
Accouraient... et bientôt, qu'au fond de la clairière
    Le sang allait jaillir ;
Que des crimes sans nom, sur de tremblantes femmes,
Allaient être commis par ces hommes infâmes,
    Qui ne savaient rougir.

Un jour donc, à travers le bocage tranquille,
Cherchant des Vendéens le solitaire asile,
    Les molosses passaient....
Jamais ils n'avaient eu colère plus ardente,
Rouge comme le feu leur langue était pendante,
    De joie ils rugissaient.

Ils s'élançaient par bonds, et, comme la rafale,
Brisaient tout sur leurs pas ; dans leur course infernale,
    Ils s'arrêtaient parfois
Pour saisir, sur le sol, une odeur, un vestige ;
Puis plus vites qu'un trait, comme pris de vertige,
    Ils entrèrent au bois.

Ils ne se trompaient pas... bientôt, dans la clairière,
On entendit un cri, mais un cri de prière :
    « O Vierge, sauvez-nous !
Voici, voici la mort ! soyez notre assistance !
Dans la fuite il n'est plus désormais d'espérance...
    Nous n'espérons qu'en vous ! »

Les dogues étaient là, remués par la joie,
Flairant déjà la chair et le sang de leur proie,
    Tremblante devant eux.
Déjà, comme un appel, ces terribles molosses
Allaient jeter dans l'air leurs aboîments féroces,
    Pour avertir les Bleus.

Mais les petits enfants, aux âmes innocentes,
Aux chiens tendent soudain leurs deux mains caressantes,
    Leur disent à genoux :
« Oh! ne découvrez pas l'asile de nos mères!
Non! Dieu vous le défend! redoutez ses colères!
    Monstres, retirez-vous! »

Les dogues irrités à ces mots s'adoucissent,
A ces faibles enfants promptement obéissent
    Et deviennent soumis...
On rendit grâce à Dieu, car la sainte innocence
Venait de terrasser, par sa seule puissance,
    Ces cruels ennemis.

Les Femmes Vendéennes

Et factæ sunt famosæ mulieres.
« Et ces femmes devinrent célèbres. »
(Ezech., xxii, 10.)

On avait tout détruit, rien ne restait debout,
Sous la marche des Bleus de sinistre mémoire.
Le pays de Vendée était en feu partout...
Ses pauvres habitants avaient passé la Loire.

Blessés, exténués, tourmentés par la faim,
Ces guerriers généreux avaient perdu courage.
Les défenseurs du roi tombaient sur le chemin,
Comme les feuilles d'arbre un jour de grand orage.

L'ennemi les suivait, aveuglé de fureur,
Tigre avide de sang, monstre impur et rapace,
Qui croyait un devoir de se montrer sans cœur,
De massacrer toujours, sans jamais faire grâce.

L'ennemi les suivait, en commettant le vol,
Des crimes sans exemple et d'horribles blasphèmes.
Les Vendéens campaient dans les plaines de Dol,
Se croyant arrivés à leurs moments suprêmes.

Or, les républicains, voulant anéantir
Les derniers Vendéens, livrèrent la bataille;
« Il n'est plus de Vendée! » entendait-on rugir.
Pourtant dans l'héroïsme il n'est rien qui défaille.

Westerman et Marceau, l'intrépide Kléber,
Qui de ses Mayençais veut venger la défaite,
Delâage, puis Amey, Rossignol et Müller,
Attaquent, enchantés d'être à pareille fête.

La Rochejaquelein, Marigny, Beauvolliers,
Talmont et Fleuriot, Stofflet, cette âme forte,
Dirigent la Vendée... Avec ces chevaliers
La bravoure des Blancs n'est pas encore morte.

Il était environ six heures du matin;
Partout le canon gronde et le combat s'engage...
La plaine retentit; l'écho, dans le lointain,
Redit les bruits du fer et les cris du carnage.

Pendant un jour entier, un combat acharné,
Un combat de géants, une lutte sanglante,

Tint le Blanc et le Bleu l'un à l'autre enchaîné,
Tous deux pleins de colère et de haine brûlante.

Cependant vers le soir, fatigués, abattus,
Devant leurs ennemis les Vendéens faiblissent.
Les Bleus reprennent force, ils se sont bien battus;
Et du succès déjà leurs rangs s'enorgueillissent.

Oui, dans l'âme des Blancs, la vaillance trembla;
Un instant on les vit qui jetaient bas leurs armes.
Mais leurs femmes en pleurs crièrent : « Halte-là!
Retournez au combat, lâches, voyez nos larmes!

« Vous fuyez, Vendéens, vous ne passerez pas!
Ou vous mettrez le pied sur le corps de vos mères,
Sachez que du Seigneur vous êtes les soldats...
Vous devez le défendre et venger ses colères.

« Quoi! félons, on dirait qu'un jour vous avez fui!
Que vous avez été moins braves que vos femmes!
Reprenez le combat et soyez aujourd'hui
Vainqueurs de vos bourreaux. Allons! en haut les âmes! »

Ainsi, feu dans les yeux, parlaient aux Vendéens
Mesdames de Bonchamps, Donissan, de Lescure,
Et bien d'autres encor. Sur les républicains,
Leur courage devait laver plus d'une injure.

Et ces femmes alors, obéissant à Dieu,
Saisissent des fusils, d'abord les Poitevines,
Chargent les ennemis et font le coup de feu...
L'ardeur de Jeanne d'Arc embrase leurs poitrines...

Les Vendéens émus sentent battre leurs cœurs...
Rongés par le remords, en voyant ces chrétiennes,
Ils reprennent la lutte... ils retournent vainqueurs
En jetant aux échos : « Vivent les Vendéennes ! »

Audace

Enfants, ces canons-là nous gênent, qu'on les ôte!
(P. Déroulède, *Chants du soldat.*)

Le général a dit : « Sur la côte, là-haut,
Vendéens, voyez-vous cette pièce terrible?
Depuis bientôt une heure elle tonne et nous crible;
Eh bien! il faut la prendre. Entendez-vous? Il faut! »

Et douze gars ont dit : « Sans peur de la mitraille,
Vers ce canon là-haut à l'instant nous irons;
Vous l'aurez, général, par Dieu nous le jurons!
Si le diable est là-haut, il faudra qu'il s'en aille. »

Alors ils sont partis en fredonnant un air
De chanson. On eût dit qu'ils allaient à la fête;

Ils méprisaient la mort qui passait sur leur tête;
Ensemble ils devisaient sous la grêle de fer.

Les douze Vendéens se couchaient sur la terre,
Quand au flanc du canon les Bleus mettaient le feu,
Et les boulets passés, en criant : « Vive Dieu ! »
Ils s'élançaient encor frémissants de colère.

Du canon meurtrier n'étant plus qu'à cinq pas,
Comme d'agiles chats, les Vendéens bondissent;
Les ennemis, surpris, d'épouvante pâlissent,
Et tombent sous la faux des paysans soldats.

Aux gars audacieux demeura la victoire.
De la fuite des Bleus ce fut là le signal.
Et le soir ils disaient : « Vous voyez, général,
Prendre un canon, pour nous, c'est pas la mer à boire ! »

Mme de La Roche-Saint-André

Extollens vocem quædam mulier.

« Une femme éleva la voix. »

(Luc., XI, 27.)

Dans les murs de Laval, un soir, on vit paraître
Un homme dont les mains étaient teintes de sang.
C'était un renégat, c'était Volcler, un prêtre,
Qui faisait le métier de vendre l'innocent.

Lui, cet autre Judas, endurci par les crimes,
Il s'était engagé de fournir l'échafaud.
« La guillotine aura chaque jour des victimes
Par milliers, si l'on veut. » Il l'avait dit bien haut.

Il brûlait de verser le sang, de voir les larmes,
De marcher sur les pas de l'ignoble Carrier,
En massacrant tous ceux qu'ont épargnés les armes...
Et Volcler en effet fut aussi meurtrier.

Au fond de ses prisons, était une chrétienne,
Une femme de cœur, ne craignant point la mort.
Volcler, tu peux lutter : son âme sur la tienne
Triomphera toujours... Le ciel sera plus fort.

Un jour, elle aperçoit, rayonnants de jeunesse,
Ses enfants bien-aimés, qu'on mène à l'échafaud ;
Son beau front ne fut pas voilé par la tristesse...
Nul ne la vit pleurer, au fond de son cachot.

Elle les regardait ; elle était magnanime...
Aux noirs barreaux de fer elle crispa sa main,
Pour les voir plus longtemps ; puis, un hymne sublime
Fut par eux entendu tout le long du chemin.

Car leur mère chantait : « Priez Dieu qu'il pardonne
A vos bourreaux, enfants, et mourez en chrétiens !
La douleur est sur terre, au ciel est la couronne !
Allez, mes bien-aimés, tombez en Vendéens. »

Le dernier acte de Bonchamps

Dimitte illis; non enim sciunt quid faciunt.
« Pardonnez-leur, car ils ne savent ce qu'ils
font. »
(Luc., XXIII, 34.)

La colère étouffait les âmes vendéennes ;
On entendait partout passer des cris de mort...
Des prêtres du Seigneur stérile était l'effort.
Pour vaincre cette rage, en comprimer l'essor,
Il ne suffisait plus des prières chrétiennes.

Ces hommes étaient là, cœurs débordant de fiel,
Réclamant à leur Dieu les coups de la vengeance ;

Ils avaient oublié que ce Dieu de clémence
Avait à ses bourreaux pardonné leur offense,
Quand ils l'avaient cloué sur un gibet cruel.

Et pourtant, leur fureur était bien légitime ;
Les Bleus avaient passé, semant partout l'horreur,
Massacrant les enfants, trafiquant la pudeur
Des vierges qui pleuraient et mouraient sous la peur ;
Leur marche, disait-on, c'est la marche du crime.

Ils n'étaient pas soldats, ils n'étaient que bourreaux,
Ces durs républicains qui flétrissaient leurs armes,
Jetaient au fond des cœurs de terribles alarmes.
Devant ces cruautés les Blancs versaient des larmes,
Ne voyant respecter ni tombes ni berceaux.

Ils voulaient se venger, et l'heure était propice :
Cinq mille Bleus alors étaient entre leurs mains.
« Qu'ils meurent, disaient-ils, tous ces républicains !
Comme eux, soyons cruels, et comme eux inhumains !
Qu'on prenne ces bandits, qu'on les mène au supplice ! »

Et les Bleus, dans l'église enfermés, sans espoir,
Entendent cette foule aux portes du saint temple ;
Devant cette fureur terrible et sans exemple,
Chacun d'eux en tremblant aperçoit et contemple
Les apprêts de la mort que tous vont recevoir.

Les canons sont braqués, et, là-bas, dans la brume,
La mitraille bientôt va passer en sifflant,
Coucher des rangs entiers de victimes râlant,
Et laisser derrière elle un long sillon sanglant...
Le moment est venu... déjà la mèche fume...

Mais un grand cri soudain passe de rang en rang :
« Bonchamps ! voilà Bonchamps ! » et la foule, à la vue
Du général blessé, s'est un peu contenue.
On veut entendre encor cette voix si connue,
Pour la dernière fois... Bonchamps était mourant.

« Chrétiens, dit-il alors, chrétiens, pas de vengeance !
Nous combattons pour Dieu, nous défendons le roi,
Pensons à notre cause, à notre sainte foi !
Grâce pour les vaincus, chrétiens, écoutez-moi,
Vous m'avez pris pour chef, je veux l'obéissance. »

Et ces fiers Vendéens tombent à deux genoux ;
Dans ces cœurs irrités, soudain la foi rayonne...
« Grâce ! Bonchamps le veut ! grâce ! Bonchamps l'ordonne !
Disent-ils, grâce aux Bleus ! ne massacrons personne !
Oui, nous leur pardonnons ! Seigneur, pardonnez-nous ! »

Henri de La Rochejaquelein

Quomodo cecidit potens qui salvum fa-
ciebat populum Israel ?

« Comment a-t-il pu mourir, cet homme
puissant qui était le salut d'Israël? »

(I Mach., IX, 21.)

Il avait vingt-deux ans, le héros que je chante ;
D'une vierge chrétienne il avait l'âme aimante
        Et la douce beauté.
Comme elle il était simple, et timide comme elle ;
Mais dans son cœur pourtant se trouvait l'étincelle
        De l'intrépidité.

O. de Rochebrune, Sc.   25 Juill. 1889

Cette flamme jaillit, quand la noire tempête,
Du roi, sur l'échafaud, eut fait tomber la tête,
      Quand la France trembla.
Pour soutenir le trône et défendre l'Église,
Ce jeune homme accourut au moment de la crise,
      Henri se trouva là.

Il releva son front ; il redressa sa taille ;
Il prononça ces mots : « Moi, j'aime la bataille,
      Je vénère mon roi ;
A partir d'aujourd'hui, je veux, et je le jure,
Combattre pour le Christ et venger son injure,
      Et mourir pour ma foi ! »

Il avait ving-deux ans, mais chez lui le courage
Se montra de bonne heure et dépassa son âge.
      Son génie était mûr,
Il avait de Condé la sublime hardiesse,
De Turenne le cœur et la vieille sagesse :
      Son coup d'œil était sûr.

Les Vendéens, debout contre la République,
Joyeux, dirent alors au jeune homme héroïque :
      « Venez ! Monsieur Henri. »
Il partit avec eux, et tous, pleins d'espérance,
Pour le Christ et sa croix, pour le trône et la France,
      Poussèrent un grand cri.

Henri, comme un éclair qui traverse l'espace,
Poursuit les ennemis, les harcèle et les lasse,
      Les fait trembler de peur.

Son nom seul fait pâlir; son nom seul effarouche;
Ses glorieux exploits volent de bouche en bouche,
        Et font battre le cœur.

Il avait vingt-deux ans... Au combat il s'élance,
Disant à ses soldats : « Suivez-moi si j'avance,
        Pour le Christ et le roi!
Tuez-moi si j'hésite! on fusille le lâche,
Qui refuse un instant de marcher à sa tâche;
        Si je meurs, vengez-moi! »

Lorsque, dans les assauts, la solide muraille
Faisait parfois durer trop longtemps la bataille,
        Pour cet ardent guerrier,
Par-dessus les remparts, il lançait sa cocarde.
« Qui monte la chercher?... Quoi! disait-il, on tarde! »
        Il grimpait le premier.

Et ses soldats suivaient, en respirant sa flamme :
Son feu les enivrait et passait dans leur âme;
        Ils prenaient les remparts.
Car devant ces héros à l'ardeur triomphante,
Les ennemis pliaient et, glacés d'épouvante,
        Fuyaient de toutes parts.

Il avait vingt-deux ans... De victoire en victoire
Il marchait, recueillant les rayons de la gloire,
        De la célébrité.
Par tous il est loué; même ses adversaires
Ont chanté ses vertus, ses talents militaires,
        Son intrépidité.

Il avait vingt-deux ans... C'est alors qu'il succombe...
Celui qui renversa ce héros dans la tombe
   Était un inconnu.
Napoléon premier, malgré sa grande haine,
Disait, en admirant ce jeune capitaine :
  « Que fût-il devenu? »

La Maudite

Derelinquet in maledictum memoriam ejus.

« Dieu laissera sa mémoire en malédiction. »

(Eccli., xxiii, 36.)

Enfants, n'allez jamais là-bas,
Car vous pourriez voir la maudite...
Vers la forêt, oh! n'allez pas!
Quand vous passez, fuyez bien vite!
La nuit, dans le ciel attristé,
Quand la lune brille tremblante,
Et que sa douteuse clarté

Sème sur terre l'épouvante,
Tous les genêts, les prés, les champs,
Et les bruyères et les chaumes,
Sont recouverts de tapis blancs
Et sont peuplés de noirs fantômes.
Alors on voit leurs bras tendus
Au passant lancer des menaces,
Spectres couchés, debout, tordus,
Assis dans d'horribles grimaces.
Le vent qui souffle dans la nuit,
Et qui gémit dans les vieux chênes,
C'est l'aboîment et c'est le bruit
Des lutins secouant leurs chaînes.
C'est l'heure des rudes combats
Des noirs esprits avec les âmes,
C'est l'heure des bruyants sabbats,
Des cris lugubres et des flammes;
C'est le moment des loups-garous
Qui traversent les cimetières,
Des dragons rouges, des chiens roux
Qui traînent les vieilles sorcières.
C'est la minute où dans les bois
Se tient la danse sépulcrale,
Où les hiboux mêlent leurs voix
Aux cris de la ronde infernale.
Alors les arbres des forêts
Sont éclairés de feux étranges;
Alors de funèbres apprêts
Attirent là les mauvais anges.
Têtes de mort, blancs ossements,
Gisent épars et solitaires;
Des caractères flamboyants

Recouvrent des draps mortuaires.
Les serpents visqueux, tachetés,
Et les crapauds, au ventre glauque,
Apparaissent de tous côtés,
Près des chats noirs à la voix rauque...

. . . .

Enfants, n'allez jamais là-bas,
Car vous pourriez voir la maudite...
Vers la forêt, oh! n'allez pas!
Quand vous passez, fuyez bien vite!

Un jour, dans la grande Terreur,
Les Bleus traversaient le village;
Des cris de mort et de fureur
Tombaient de leur bouche sauvage :
« Sous le fer sont tombés les rois;
Le peuple ne veut plus de maîtres;
Détruisons le Christ et sa croix,
Et jusqu'au dernier de ses prêtres.
A nous il faut du sang, du sang!
Du sang, pour assouvir nos haines!
Et notre glaive tout-puissant
Saura briser nos lourdes chaînes. »
Une femme, un monstre inhumain,
Le cœur rongé par la colère,
A ces soldats tendit la main :
« Des brigands je sais le repaire,
Dit-elle, allons jeter au feu
Toute la race fanatique,
Qui veut encore admettre un Dieu
Et blasphémer la République. »
Et des Bleus dirigeant les pas,

Jusqu'à la forêt des Éprouves :
« Ici, cria-t-elle aux soldats,
Sont les louveteaux et les louves! »
Alors, dans les épais taillis
Les Bleus pénètrent en silence ;
Des petits enfants assaillis
Le massacre partout commence.

Les pauvres mères tout en pleurs
Font entendre en vain leur prière,
Leurs cris d'amour et de douleurs...
Le sang coule dans la clairière.

Et le sabre de ces bandits
Passe comme une faux sanglante,
Fauche les mères, les petits,
Sur la pelouse rougissante.

Les bourreaux entonnent des chants,
Après avoir tranché les têtes ;
Ils s'en vont portant des enfants
Fixés au bout des baïonnettes.

Derrière eux ils laissent la mort,
L'horreur, l'épouvante et la flamme.
Puis ils jettent trois louis d'or
A leur guide, à l'horrible femme...

On vit au ciel, en ce moment,
Trois flamboyants éclairs..., ensuite
Ces mots : « Voici ton châtiment,
O monstre, ô femme, sois maudite! »

Alors on entendit des cris ;
Au bois, des démons apparurent ;
Soudain, avec les noirs esprits,
La femme et les Bleus disparurent.

. . . .

Les vieillards disent aujourd'hui
Que, dans les bois, cette coupable
Ne fait que pleurer chaque nuit
Et qu'elle est le coursier du diable.

. . . .

Enfants, n'allez jamais là-bas,
Car vous pourriez voir la maudite,
Vers la forêt, oh! n'allez pas!
Quand vous passez, fuyez bien vite!

Mort de Stofflet

C'est ainsi qu'il mourut, si c'était là mourir.
(LAMARTINE, *Méditations.*)

La joie aux cœurs des Bleus arrache de grands cris ;
L'écho redit au loin leur triomphe et leur gloire.
Enfin, la trahison leur donne la victoire :
     Stofflet, Stofflet est pris !

Le héros était seul, il reposait tranquille
Chez de bons paysans ; c'était pendant la nuit.
Stofflet étant vendu, les Bleus viennent sans bruit
     Entourer son asile.

Deux cent dix fantassins et vingt-cinq cavaliers
S'élancent pour saisir un homme privé d'armes,

Mais cependant encore ils palpitent d'alarmes,
    Ces hardis chevaliers.

De ses poings vigoureux, Stofflet s'ouvre un passage ;
Devant tant d'ennemis, Stofflet ne tremble pas ;
Mais il tombe bientôt sous les coups des soldats,
    Malgré son grand courage.

Par ses bourreaux joyeux Stofflet est garrotté :
On lui lance l'affront, on lui crache au visage ;
Mais Stofflet, en chrétien supportant cet outrage,
    Garde sa dignité.

On jette sur son dos un vêtement sordide ;
Il s'avance pieds nus, au milieu d'étrangers,
Suit les cruels bourreaux dans la ville d'Angers,
    Mais les suit intrépide.

De son ivresse encore à peine réveillé,
Un juge le condamne et lit cette sentence :
Stofflet, chef des brigands, est hostile à la France,
    Il sera fusillé.

« Si je meurs aujourd'hui, c'est pour Dieu que je tombe,
Dit Stofflet en poussant ce cri : Vive le roi !
Si je meurs aujourd'hui, merci ! c'est pour ma foi !
    Allez creuser ma tombe !

« Sachez-le, devant vous, je serai toujours fort.
Mais, dans mon âme, il n'est de haine pour personne.
Vous m'avez fait du mal, mais moi, je vous pardonne,
    Et j'accepte la mort. »

Puis, regardant la foule : « Au sol qui me vit naître
Je pense, amis, dit-il ; trouverai-je un Lorrain

Parmi vous? Qu'il s'approche et qu'il touche ma main :
    Je veux le voir paraître! »

Un soldat s'avança : « Garde ce souvenir,
Dit Stofflet, en donnant sa montre au militaire;
Fais savoir au pays ainsi qu'à mon vieux père
    Que j'ai bien su mourir. »

Les durs exécuteurs avaient chargé leurs armes,
Et le tambour soudain fit entendre un signal :
Quelqu'un dit à Stofflet : « Avancez, général... »
    Et l'on versait des larmes.

Un soldat voulut mettre un bandeau sur ses yeux;
Stofflet le repoussa de sa main mutilée :
« Pour moi, dit-il, la mort ne sera point voilée,
    Moi, je veux voir les cieux.

« Que maintenant, soldats, vos âmes soient loyales!
Je resterai debout, c'est là mon dernier vœu.
Sachez qu'un Vendéen qui tombe pour son Dieu
    N'a pas peur de vos balles. »

Alors Stofflet, debout, sans orgueil, sans effroi,
Portant des grands chrétiens, sur son front, l'auréole,
Aux soldats cria : « Feu! » puis cette autre parole :
    « Je meurs! vive le roi! »

Le Champ des Martyrs

Vous oublier, c'est s'oublier soi-même :
N'êtes-vous pas un débris de nos cœurs ?

(LAMARTINE, *Harmonies poétiques.*)

Aux bords de la forêt, dans les sombres repaires,
Lentement s'avançaient les Bleus, ivres de sang.
Dans les bois ils rampaient, ainsi que des vipères,
Fouillant tous les taillis d'un regard menaçant.
Le féroce assassin et d'enfants et de femmes,
Le tueur de vieillards, Grignon, se trouvait là.
S'adressant tout à coup à ses soldats infâmes,
Il les fit arrêter, puis ainsi leur parla :

« Écoutez, citoyens : que votre âme héroïque
Sache aujourd'hui surtout accomplir son devoir.
Aujourd'hui frappez fort! c'est pour la République!
A l'œuvre, citoyens! la France va vous voir.
Là sont les louveteaux et les louves leurs mères ;
Noyez-les dans leur sang, car les loups n'y sont pas.
Courage! citoyens, étanchez vos colères ;
Tuez femmes, enfants! Entendez-vous? soldats. »

Oui, c'est bien là qu'étaient les femmes vendéennes,
Et leurs petits enfants, et les pauvres vieillards.
Oui, dans ces lieux vivaient ces familles chrétiennes,
Pendant que, pour le roi, mouraient de toutes parts
Les hommes courageux, leurs époux et leurs frères.
Les femmes étaient là, leurs enfants sur le cœur ;
Stofflet leur avait dit : « Soignez bien nos vieux pères,
Gardez bien nos enfants ; ici n'ayez pas peur. »

Mais un Judas avait reçu le prix des traîtres
Pour livrer aux bandits le juste et l'innocent.
Porcher vendait aux juifs les vieillards et les prêtres,
Et largement les juifs payaient le prix du sang.
Porcher des Vendéens connaissait la retraite ;
Il savait que le camp était à sa merci.
Il conduisit Grignon : « Ta troupe est-elle prête?
Dit-il ; sois sans pitié, comme moi ; c'est ici! »

Et les bourreaux d'Hérode étaient ivres de joie.
Un éclair satanique illumina leurs yeux.
Comme un tigre affamé qui rencontre sa proie,
Sur elle fond soudain terrible et furieux,
Ainsi, dans la forêt, cette troupe s'élance.
Les justes, dans leur camp, sans appui, sans soutien,

Pensaient à leur Vendée et priaient en silence ;
Ils souriaient encor, ne se doutant de rien.

Mais bientôt les bandits des broussailles surgissent,
Entourent les chrétiens d'un grand cercle de feu.
De cris affreux partout les échos retentissent :
« Mort ! mort aux Vendéens ! — Pitié ! pitié ! mon Dieu ! »
Grignon donne à l'instant le signal du carnage.
Les femmes, les enfants, tombent à deux genoux :
« De notre vie, ô Christ, nous vous offrons l'hommage,
Pardonnez ! disent-ils, prenez pitié de nous ! »

Et sous les coups des Bleus, le sang à flots ruisselle.
Les chrétiens sont tués, leurs corps mis en lambeaux.
Et les petits enfants encore à la mamelle
Sont foulés, écrasés, par les pieds des bourreaux.
La mère étend les bras pour préserver sa fille,
Pour la sauver des mains de ces monstres sans cœur.
La vierge étreint sa mère, et le glaive scintille :
Et la mère et l'enfant meurent avec bonheur.

Rien ne peut adoucir ces tigres sanguinaires :
Ces hommes enivrés de débauche, de vin,
Restent sourds aux sanglots des enfants et des mères ;
Et quelques-uns d'entre eux boivent du sang humain.
Leur fer frappe toujours jeunes filles et femmes,
Malades et blessés, et débiles enfants.
On n'épargne personne, on lance dans les flammes
Des prêtres et cinq cents vieillards à cheveux blancs.

Puis ils font, dans les bois, la chasse des victimes,
Cherchent dans les taillis et scrutent les buissons.
Chaque fourré devient un théâtre de crimes ;
Tout arbre qui s'agite attire les soupçons ;

Mais leur fureur enfin ne trouve plus personne :
Les corps jonchent le sol, le glaive a tout détruit.
Par instant, dans les airs, lugubrement résonne
Le râle des mourants... Les Bleus partent sans bruit...

Partez, partez, bourreaux : votre tâche est finie ;
Quatre mille innocents sont tombés sous vos coups ;
Vous avez mis la gloire au front de la patrie,
Et votre République est contente de vous.
Partez, mais vous serez traités d'hommes sans âmes
Par l'avenir, un jour, qui saura vos exploits :
On vous appellera des assassins de femmes,
Des tueurs de vieillards, d'enfants, au fond des bois.

Pour vous, chrétiens, tombés pour la plus sainte cause,
Rayonne à votre front la couronne d'honneur,
On baisera la terre où votre corps repose,
De vous on apprendra comment doit battre un cœur.
Si nous voulons aimer le Christ et la patrie,
Nous prêterons l'oreille à vos derniers soupirs ;
Vos tombes nous diront votre mort, votre vie,
Car vous êtes héros, et vous êtes martyrs !

Charette

Dans les murs, hors des murs, tout parle de sa gloire.

(CORNEILLE, *Horace.*)

C'était un chevalier. Il avait dans le cœur,
Ainsi que ses aïeux, la bravoure et l'honneur.
Comme eux il ressentait, dans sa noble poitrine,
Pour le trône et l'autel une flamme divine.

C'était un chevalier, un autre Godefroy,
Un aimable Tancrède, un Bayard sans effroi;
Fièrement son blason portait cette devise :
« Tout mon sang pour le Roi, pour le Christ et l'Église. »

C'était un chevalier, un descendant des preux ;
Il allait au combat et triomphait comme eux,
Il sut gagner de même un rayon de la gloire,
En signant de son sang sa page dans l'histoire

Le baron de Charette était un grand guerrier ;
La valeur, à son front, sut mettre le laurier
Du courageux soldat, du brave capitaine,
Le laurier qui verdit au souffle de la haine.

C'était un grand guerrier : sans cesse il imita
Scipion, Fabius, ou l'ardent Jugurtha.
Et, comme ce dernier qui luttait en Afrique,
Charette ainsi luttait contre la République.

Sa tête est mise à prix... Il ne veut point de paix.
Intrépide lutteur et ne comptant jamais
Le nombre d'ennemis avant de les abattre,
Jamais désespéré, toujours prêt à combattre.

C'était un grand guerrier : jamais las de souffrir
Pour son noble drapeau, fier pour lui de mourir ;
Pendant trois ans complets, sans repos et sans trêve,
Sur les Bleus effrayés il fit passer son glaive.

C'était un grand chrétien : fidèle au Roi du ciel
Il voulut protéger et la croix et l'autel ;
Du vieux Mathathias suivant le noble exemple,
Il défendit trois ans les ruines du temple.

C'était un grand chrétien : en face de la mort
Il demeura debout, sanglant mais toujours fort,
Disant à ses bourreaux : « Je ne suis point esclave ;
Regardez bien mon cœur ; c'est là qu'on frappe un brave ! »

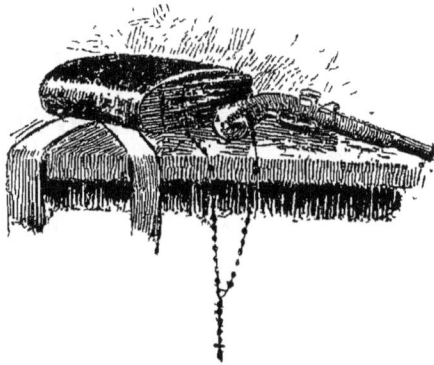

l'Abbé Germoni   l'Abbé Brothier   l'Abbé Joubert

Les vieux martyrs

Et illi quidem ibant gaudentes...
quoniam digni babili sunt pro no-
mine Jesu contumeliam pati.

« Et ils s'en allaient joyeux, parce
qu'ils avaient été trouvés dignes de
souffrir pour le nom de Jésus. »

(Act., v, 41.)

Salut! salut! fières phalanges,
A vous nos cœurs et nos louanges!
Nos fronts se courbent devant vous.
Dans le combat votre courage

Et votre foi malgré l'orage
Nous font ployer les deux genoux.

Salut! salut! tribu sacrée,
Par la souffrance consacrée!
Voici la fin de vos soupirs!
Oh! revenez, cohorte sainte,
Oui, revenez vers nous sans crainte!
Nous vous aimons, nobles martyrs.

Salut! salut! glorieux prêtres;
Un jour les bourreaux et les traîtres
Vous ont ravis à notre amour.
Mais voici que cessent les crimes :
L'oblation de nos victimes
A mérité votre retour!

Salut! salut! troupe héroïque,
Soutiens de la croyance antique!
Vous êtes les soldats du ciel,
Sans que votre âme ne s'émeuve,
Vous avez supporté l'épreuve
Plutôt que de souiller l'autel.

Salut! salut! honneur et gloire!
Chez nous vivra votre mémoire,
Dignes défenseurs de la Croix.
La peur n'a pas fléchi votre âme;
Mais de vos cœurs l'ardente flamme
A su du Christ garder les droits.

Salut à vos profondes rides!
Salut à vos cœurs intrépides!
Salut à vos pas chancelants!

Vous avez vieilli dans les larmes:
De la vertu ce sont les charmes.
Salut à vos beaux cheveux blancs!

Salut! salut à vos blessures!
Nous baiserons vos mains si pures
Qui portent l'empreinte des fers;
Ce sera là votre parole,
Et vous aurez pour auréole
Les maux que vous avez soufferts.

Salut! salut! nobles modèles!
Nous, Vendéens. sommes fidèles
A votre voix; nous l'écoutons.
Nous vous ferons. par nos tendresses.
Oublier vos grandes tristesses.
Les fers, l'exil et les pontons.

— Ainsi chantait la voix guerrière
De la Vendée ardente et fière.
Et pour la foi pleine de feu,
Quand on vit revenir en France
Les grands héros de la souffrance,
Les prêtres, les martyrs de Dieu!

Jean. Grolleau

ges Turpault

ys Ripoche

Toussaint Texier

Les Vieux

Soldats du Roi

Ne les raillez pas, camarades !
Saluez plutôt chapeau bas
Ces Achilles d'une Iliade
Qu'Homère n'inventerait pas.

(THÉOPHILE GAUTIER.)

Lorsque j'étais petit, les vieux soldats du roi,
Je m'en souviens encore, égayaient ma jeunesse :
Leurs genoux me portaient, et leur verte vieillesse
Devenait souriante en jouant avec moi.

Leurs visages guerriers, sillonnés de blessures,
Me plaisaient : je voulais toucher leurs cheveux blancs ;
J'aimais leurs fronts ridés, leurs yeux étincelants,
Leurs bras secs et nerveux, leur mains larges et dures.

Le soir, quand ils disaient, dans des mots pleins de feu,
Leur brillante épopée ou leur lointaine enfance,
Avide, je buvais cette simple éloquence
Qui chantait les combats pour le trône et pour Dieu.

Je leur disais : « Parlez, votre récit m'enchante,
Racontez-moi bien tout ; voyez, je ne crains pas. »
Je ne me lassais point d'écouter dans leurs bras
Le récit palpitant de la guerre géante.

Et ces nobles vieillards, cédant à mes désirs,
Alors me dépeignaient leurs cruelles alarmes,
Me racontaient comment ils avaient pris les armes,
Et pourquoi mes aïeux étaient tombés martyrs.

« Pour garder, disaient-ils, nos enfants et nos femmes,
Pour venger notre Christ et son royal honneur,
Nous avons préféré la souffrance au bonheur,
Ce n'est rien de mourir quand on sauve des âmes.

« Nos bras se sont armés pour punir les cruels
Qui voulaient à la France enlever son histoire,
Déshonorer nos rois et leur antique gloire,
Qui cherchaient à briser leur trône et les autels.

« Et sentant dans nos cœurs une flamme héroïque,
Nous, pauvres paysans, devenus des soldats,
Nous avons fait rugir et reculer d'un pas
Le monstre qui portait le nom de République. »

Le front de nos vieillards paraissait inspiré
Quand ils laissaient ainsi, de leurs lèvres tremblantes,
Tomber ces grands récits, ces paroles brûlantes ;
Dans tout mon être alors passait leur feu sacré.

8

Excité par le sang qui battait mes artères,
Je leur disais bien haut : « Merci, vous êtes bons.
Mort à la République et vivent les Bourbons !
Moi, j'aurai vos amours et vos justes colères. »

Je les voyais alors s'incliner jusqu'à moi,
Et dans leurs francs baisers je sentais leur ivresse...
Puis soudain, vers le ciel, l'enfance et la vieillesse
Jetaient éperdument ce cri : « Vive le Roi!!! »

Louis XVII

La Panoplie

Arma posuit in tabernaculo suo.
« Il plaça ses armes dans sa tente. »
(I Reg., XVII, 54.)

Un jour, un beau vieillard, un de ces fiers géants
Qui marchèrent sans peur contre la République,
Un guerrier vendéen, un de ces paysans
Dont l'Europe admira la valeur héroïque,
Me disait : « Viens, enfant, viens voir mes souvenirs ;
Je les ai suspendus aux murs de ma chaumière ;
Devant eux bien souvent je pense à nos martyrs
Qui triomphent là-haut, dans la pleine lumière. »

Je lui saisis la main, et le suivis joyeux ;
Car mon âme d'enfant était déjà bien pleine
De culte et de respect pour nos vaillants aïeux,
Et mon cœur débordait de fierté vendéenne.
Je lui disais : « Vieillard, j'aime aussi comme toi
Les lis du drapeau blanc et la blanche cocarde,
Et je brûle de voir sur le trône mon roi...
— C'est là, fit le vieillard, tiens, me dit-il, regarde ! »

Au mur de la chaumière, aux pieds du crucifix,
J'aperçus un vieux sabre, une faux recourbée,
Deux pistolets d'arçon et deux pesants fusils
Dont la crosse en cormier, légèrement bombée,
Portait des coups de sabre et des taches de sang.
Je regardais, ravi, ces armes foudroyantes,
Jetant sous la lumière un reflet menaçant,
Quand le vieillard me dit ces paroles vibrantes :

« Les vois-tu, mes joyaux ? les vois-tu resplendir ?
Enfant, j'étais ardent, quand je portais ces armes,
Et mon bras de vingt ans savait bien s'en servir.
Avec elles, mon fils, j'ai vengé bien des larmes :
Que de Bleus, juste au cœur par mes balles touchés,
Ont roulé sur le sol, en vomissant l'injure !
Ces deux vieux chers fusils, comme ils en ont couchés !
Car mon œil était bon et ma main toujours sûre.

« Regarde cette faux : je la portais sans peur ;
Les ennemis de Dieu frémissaient devant elle.
Alors, mon fils, j'étais un rude moissonneur,
Et je fauchais les Bleus comme l'herbe nouvelle.
Nous avons avec elle abattu maintes fois
Des rangs, des rangs entiers d'une armée aguerrie ;

Et jamais la vaillante, au cours de ses exploits,
Ne m'a dit : C'est assez ; suspendons la tuerie !

« Je suis vieux et déjà je sens venir la mort ;
Pourtant si j'entendais le clairon des batailles,
L'honneur me verrait prêt, pour un dernier effort ;
Ces armes me feraient de belles funérailles !
Avec elles bientôt j'accomplirais mon vœu,
Car, vois-tu? tout le sang qui coule dans mes veines,
Ce sang, il est au roi ! ce sang, il est à Dieu !
Ce sang, il appartient aux gloires vendéennes ! »

J'écoutais ce vieillard ; mes yeux mouillés de pleurs
Contemplaient sur le mur le sublime trophée.
Je songeais au pays, à ses longues douleurs...
Le vieillard, au milieu d'une plainte étouffée,
Reprit : « Dieu le voulut, enfant, fais comme moi,
Offrons nos pleurs à Dieu, sans perdre l'espérance :
Nul ne sait l'avenir, et peut-être le Roi
Viendra-t-il apportant les lis à notre France. »

Savenay !

Tous les preux étaient morts, mais aucun n'avait fui.

ALFRED DE VIGNY.

Savenay ! Savenay ! sous la blanche bannière,
Entraînés par la Croix, là-bas nos saints martyrs
Sont tombés en jetant, comme derniers soupirs,
Ces cris : Au roi nos vœux ! à Dieu notre prière !

Savenay ! Savenay ! ton sol a vu passer
Les sept mille chrétiens, la phalange des braves ;
Ils ont choisi la mort plutôt que d'être esclaves,
Leur gloire désormais ne pourra s'effacer.

Savenay! Savenay! le sang de leurs blessures,
Tes campagnes l'ont bu! les grands guerriers sont morts,
Leur cœur était sans tache et leurs bras restaient forts :
Ils ne portaient au front aucunes flétrissures.

Savenay! Savenay! les ennemis du roi
Étaient plus de vingt mille, autour de cette armée ;
Ils l'ont, un jour durant, cernée et décimée
Sans avoir pu jamais surprendre un cri d'effroi.

Savenay! Savenay! au fort de la mêlée,
Tu les as vus, ces preux, ces soldats paysans.
Brandir un tronçon d'arme et, quoique agonisants.
Faire trembler la haine autour d'eux centuplée.

Savenay! Savenay! jusque-là ces héros
Avaient pris cent canons et gagné sept batailles ;
Sept villes devant eux ouvrirent leurs murailles ;
Ils avaient fait périr trente mille bourreaux.

Savenay! Savenay! la troupe vendéenne
Fut digne du passe, cependant aujourd'hui
De ces braves guerriers les os jonchent la plaine.
Ils ne sont plus, c'est vrai... mais pas un seul n'a fui!

Savenay! Savenay! sous la blanche bannière,
Entraînés par la Croix, là-bas nos saints martyrs
Sont tombés en jetant, comme derniers soupirs,
Ces cris : Au roi nos vœux ! à Dieu notre prière!

La Croix du chemin

O crux, ave!
« Salut, ô croix! »
(Hymne liturgique.)

Passant, arrêtez-vous ;
Dites une prière ;
Ployez les deux genoux,
Devant la croix de pierre.

Embrassez cette croix,
Pleurez en sa présence :

Ils sont nombreux, ses droits
A la reconnaissance.

Déjà, depuis longtemps
A ses pieds l'herbe pousse,
Sur ses antiques flancs
Blanchit la vieille mousse.

Ces deux arbres géants,
A la ramure sombre,
Depuis plus de cent ans,
L'abritent sous leur ombre.

Jetez vos yeux en bas :
Ses marches sont creusées ;
Par le temps et les pas
Elles furent usées.

Voyageur du bon Dieu,
Près de la croix bénite,
Reposez-vous un peu ;
Ne marchez pas si vite.

Soyez moins empressé,
Mais, avec assurance,
Demandez son passé
Et sa belle existence.

La croix vous répondra,
Passant, veuillez m'en croire :
Oui, la croix vous dira
Sa longue et noble histoire.

J'ai vu, dira la croix,
La vieille croix de pierre:
A mes pieds, aux abois,
La Vendée en prière.

Quand on tua le roi
Et qu'on chassa les prêtres,
Je vis auprès de moi
Tous vos pieux ancêtres.

J'ai vu leurs jours de deuil
Et leurs heures de gloire;
J'ai vu plus d'un cercueil
Et plus d'une victoire.

Ah! j'ai vu bien des pleurs,
Bien de noires tristesses
Et d'amères douleurs,
Pas souvent d'allégresses.

J'entendis des regrets,
Sortant du fond des âmes,
Les intimes secrets
Des hommes et des femmes.

Des sanglots, des soupirs,
Des prières ardentes,
Des aveux, des désirs,
Des paroles vibrantes.

J'ai vu, dans ce pays,
L'invasion cruelle
Massacrer les petits
Encore à la mamelle.

J'ai vu de toutes parts
Les vastes incendies,
Crouler les vieux remparts
Les tours les plus hardies.

Oui, je vis, ô passant,
Mille choses terribles :
Je vis, avec le sang,
Des crimes indicibles.

Mais je vis près de moi,
Dans ces jours de carnage,
De grands actes de foi,
D'amour et de courage.

Le vieillard appelait
Femme, enfant, jeune fille ;
Ici le chapelet
Se disait en famille.

« Dieu, soyez notre appui,
Chantaient toutes ces âmes ;
Écrasez aujourd'hui
Tous nos bourreaux infâmes.

« Nous combattons pour vous,
Pour nos saintes croyances ;
Ayez pitié de nous,
Dans nos dures souffrances ! »

Tous les braves guerriers,
Pour défendre l'Église,
Sont venus à mes pieds,
A l'heure de la crise.

Ils ont trouvé l'ardeur
Et la sainte vaillance.
J'ai versé dans leur cœur
L'élan de l'espérance.

Je les ai vus courir
Joyeux à la bataille ;
Je les ai vus mourir
Sans craindre la mitraille.

Ils sont tombés partout,
Vaincus par l'injustice.
Et moi, je suis debout
Grâce à leur sacrifice.

Ils ont été martyrs,
Accablés par le nombre ;
Mais, selon leurs désirs,
Ils dorment sous mon ombre.

Passant, tendez vos mains
A cette croix de pierre ;
Et pour les Vendéens
Offrez une prière.

1815

Retour du drapeau blanc

Vexilla Regis prodeunt.
« L'étendard du Roi s'avance. »
(Hymne liturgique.)

Sur notre France encore,
De l'aurore au couchant,
Du couchant à l'aurore,
Flotte le drapeau blanc.

Nous la voyons, cette antique oriflamme,
Nous y collons notre bouche et nos cœurs.
Oui, son retour fait palpiter notre âme,
Car elle met un terme à nos douleurs.

> Sur notre France encore,
> De l'aurore au couchant,
> Du couchant à l'aurore,
> Flotte le drapeau blanc.

Sur les clochers de nos vieilles églises,
Paraît gaîment l'enseigne de nos rois;
Elle est bien là, car sur ces pierres grises
Rayonne aussi l'étendard de la croix.

> Sur notre France encore,
> De l'aurore au couchant,
> Du couchant à l'aurore,
> Flotte le drapeau blanc.

Depuis longtemps, sous son ombre, la France
Cueille partout les lauriers de l'honneur;
Ses nobles plis abritent l'espérance,
C'est l'étendard qui donne le bonheur.

> Sur notre France encore,
> De l'aurore au couchant,
> Du couchant à l'aurore,
> Flotte le drapeau blanc.

C'est le drapeau de Jeanne et d'Henri quatre;
Il fut porté par leur vaillante main;
Et ce drapeau, quand ils allaient combattre,
Traçait toujours un glorieux chemin.

Sur notre France encore,
De l'aurore au couchant,
Du couchant à l'aurore,
Flotte le drapeau blanc.

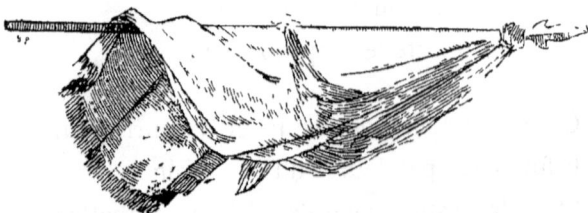

Pour le garder, l'héroïque Vendée
A su verser son sang dans les combats.
Mais de fierté son âme est inondée,
Car, dans ce jour, il repose en ses bras.

Sur notre France encore,
De l'aurore au couchant,
Du couchant à l'aurore,
Flotte le drapeau blanc.

Reste avec nous, sois toujours notre guide,
O drapeau blanc, et rayonne partout.
Abrite-nous sous ta puissante égide,
Nous, Vendéens, nous te tiendrons debout !

Sur notre France encore,
De l'aurore au couchant,
Du couchant à l'aurore,
Flotte le drapeau blanc.

1820

Naissance de Henri V

Il est né, l'enfant du miracle,
Héritier du sang d'un martyr!
Il est né d'un tardif oracle,
Il est né d'un dernier soupir.
(LAMARTINE, *Méditations poétiques*.)

Le Christ, le Roi des cieux, aime toujours la France :
Il vient de mettre un terme à sa longue souffrance,
        Et d'exaucer son vœu.

Il sait que ce pays, fidèle à sa devise,
Sur la terre est encor le soldat de l'Église
   Et le bras droit de Dieu.

Un prince était tombé, sous le poignard du crime.
C'était un front sans tache, une noble victime,
   Et le dernier Bourbon.
De cet arbre pourtant, coupé dans sa racine,
Le Seigneur tout-puissant fit, de sa main divine,
   Pousser un rejeton.

A toi, salut! salut! enfant qui viens de naître,
Notre amour t'attendait, tu seras notre maître,
   Tu régneras sur nous.
Oui, salut! petit roi, c'est bien Dieu qui te donne,
C'est bien lui qui te met sur le front la couronne
   De la France à genoux.

A nos cœurs, ta naissance apporte l'allégresse,
Et ce miracle vient dissiper la tristesse
   De ton peuple chéri.
Au sein de la tempête, au milieu de l'orage,
Ton nom, c'est le soleil qui chasse le nuage.
   Salut! salut, Henri!

Oh! grandis vite, enfant, nous avons l'espérance
Que de tous nos amours tu prendras la défense,
   Toi, l'envoyé du ciel,
Toi, venu dans le jour où l'ange plein de gloire
Sur le roi des enfers remporta la victoire,
   Au jour de saint Michel.

Grandis vite, et, s'il faut tout le sang de nos veines,
Roi, tu peux appeler les troupes vendéennes,
          Pour conserver tes lis.
Sois certain qu'à ta voix nos cœurs sauront se rendre,
Que nos bras seront là levés pour te défendre,
          Comme le roi Louis.

Grandis vite, et que Dieu mette dans ta poitrine
Du mâle dévoûment l'étincelle divine ;
          Henri, rappelle-toi
Que pour régner, surtout dans le siècle où nous sommes,
Pour relever la France et conduire les hommes,
          Il faut être un saint roi !

LA PERIOSIERE.

hebrune fec   Imp Lto L Cadart Paris   1874 jouv

1832

Combat de La Pénissière

Victores reversi sunt.
« Ils retournèrent vainqueurs »
(Judith, xv, 8.)

Dix-huit cent trente avait, pour un sol étranger,
Vu partir Charles dix, le conquérant d'Alger.
Philippe ramassait, dans l'émeute sanglante,
Une pourpre de roi, de honte ruisselante;

Il s'en vêtit pourtant et regarda partout...
L'héroïque Vendée était toujours debout,
Demandant, à grands cris, au nouveau roi des halles
De cacher sa couronne et sa pourpre royales ;
Lui n'était pas le roi, le roi c'était Henri,
L'enfant miraculeux du bon duc de Berry.
Philippe refusa... Sans retard, sans alarmes,
Les Vendéens alors prirent leurs vieilles armes.
Ce peuple de géants ne croyait pas devoir
Laisser l'usurpateur au suprême pouvoir ;
Pour eux, ne pas défendre un prince légitime
Eût été trahison et déshonneur et crime.
Les Rouges et les Blancs étaient encore aux mains.
Entre les grands exploits, les combats surhumains,
Livrés par les héros de la blanche bannière,
Il en est un qui jette une vive lumière,
Et montre à l'univers ce peuple audacieux,
Digne de son passé, digne de ses aïeux.
Voici le fait. Un soir, une jeune phalange,
Redisant d'Henri cinq l'honneur et la louange,
Regagnait, en riant, le camp des Vendéens.
Un orage éclata... Ces valeureux chrétiens,
Sans souci du danger, choisirent pour leur gîte
Un antique manoir, demeure décrépite,
Qui n'offrait pour abri que des murs écroulés,
Et qui portait encore la trace des boulets.
Georges, le commandant des troupes philippistes,
Apprend d'un traître vil où sont les royalistes.
Il tressaille de joie, et jure en cet instant
De prendre et de tuer jusqu'au dernier brigand.
Ses soldats, transportés, comme lui, par la rage,
N'attendent qu'un signal pour courir au carnage.

Les Vendéens, instruits qu'on va venir vers eux,
N'en sont point inquiets, n'en sont pas moins joyeux.
Ils sont tous préparés pour le moment suprême,
Et d'ailleurs, quand on meurt pour un prince qu'on aime,
Quand, guidé par l'honneur, on défend un drapeau,
Et qu'on verse pour lui le sang du cœur... c'est beau !
Aussi des Vendéens le bouillonnant courage
Souhaite vivement que la lutte s'engage.
La nuit passe... mais rien... « L'ennemi n'est pas là »,
Disent-ils... Tout à coup, le vieux château trembla ;
L'ennemi s'approchait... sa marche qui résonne
Détermine sa force et ne trompe personne.
Qu'importe ? « Vive Henri ! » s'écrièrent les Blancs.
« Mort ! hurla l'ennemi. Détruisons les Chouans ! »
Les Rouges arrivaient... En un clin d'œil, leur foule
Autour du vieux castel se porte et se déroule.
D'un grand cercle de fer les Blancs sont entourés,
Et des coups sont déjà par les Rouges tirés.
Le Blanc riposte aussi par les larges fenêtres,
Visant toujours au front, comme ont fait les ancêtres.
Les Vendéens ont dit : « Nous ne savons mentir :
Nous sommes décidés de vaincre ou de mourir. »
Georges ne comptait pas sur longue résistance ;
Il commande à sa troupe, et sa troupe s'élance
A l'assaut ; mais les Blancs, frémissants de fureur,
Arrêtent l'ennemi quand il se croit vainqueur ;
Son attaque est sans fruit, ses efforts inutiles ;
Les Blancs combattent bien et les Blancs sont habiles.
Les Rouges, par trois fois, en jetant de grands cris,
Fondent sur le manoir, mais par trois fois meurtris,
Ils reculent, disant : « Ces Chouans redoutables
Ne sont pas des humains, ce sont plutôt des diables.

Quoi ! des brigands pourraient, dans ces murs écroulés,
Arrêter notre ardeur !! Nous serions ébranlés !!! »
Et, ne pouvant alors contenir de leurs âmes
La haine et la fureur, ils entourent de flammes
Le vieux castel détruit et se font assassins.
Ce crime ne fait pas trembler les Vendéens.
Le feu devient bientôt un immense incendie ;
La flamme en longs sillons se plie et se replie,
Les poutres, les planchers, croulent avec fracas,
Les murs sont entr'ouverts... Les Blancs ne cèdent pas.
Mais chassés par le feu, la fumée au visage,
Pour se défendre encore, ils montent d'un étage.
Par la porte brisée et les murs renversés,
Les Rouges au dedans entrent à flots pressés.
« Rendez-vous, disent-ils, ô troupe fanatique ! »
Quarante-cinq fusils donnèrent la réplique ;
Juste autant d'ennemis, frappés droit en plein cœur,
Glacent leurs compagnons d'épouvante et d'horreur.
Ils reculent d'un pas... mais la flamme sans cesse
Des soldats vendéens augmente la détresse.
Les Blancs n'ont pas mangé depuis la veille au soir :
Consumés par la soif, brûlés dans ce manoir,
Entourés d'ennemis, sans aucune espérance
D'échapper au danger par leur noble vaillance,
Trente-quatre héros poussent alors ce cri :
« Pour notre roi, mourons ! oui, mourons pour Henri ! »
Et franchissant un mur qui sous leurs pas s'écroule,
Des soldats ennemis ils pénètrent la foule.
Échevelés, noircis, par le sang excités,
Vrais démons furieux, frappant de tous côtés,
Écrasant sous leurs pieds les hommes qu'ils renversent,
Ils marchent en avant, abattent et transpercent

Les Rouges, sur le sol de surprise rivés.
On ne les poursuit pas... les héros sont sauvés !
Tout n'était pas fini. Dans le manoir en flammes,
Aux Rouges résistaient onze héroïques âmes.
Ces guerriers généreux avaient su, mais trop tard,
Le projet de sortie et l'instant du départ.
Eux seuls ils sont restés... Sans perdre confiance,
Ils osent, malgré tout, poursuivre leur défense.
Un réduit, dans un mur, les abrite du feu ;
C'est peu, mais suffisant, pour espérer en Dieu.
Partout l'ennemi fouille à coups de hallebardes ;
Les Blancs sont découverts et montent aux mansardes ;
L'ennemi grimpe aussi, mais vains sont ses efforts,
Tous ses soldats montés bientôt descendent morts ;
Le chef des assiégeants, Georges, ne peut comprendre
Que les Brigands encor ne veuillent pas se rendre.
Il active la flamme, en faisant aux soldats
Jeter dans le brasier des fagots à pleins bras.
Un feu plus dévorant dévore les entrailles
De la vieille maison et lèche ses murailles ;
La flamme brille au loin, dans la profonde nuit.
Soudain, sur les vieux murs, la toiture avec bruit
S'effondre tout entière... « Oui, vive Henri de France ! »
Le dernier cri des Blancs... Puis... partout le silence...
Les Rouges, convaincus que, sous ces noirs débris,
Tous les Brigands sont morts, élèvent de grands cris
Et d'immenses clameurs de triomphe et de gloire.
Cet horrible forfait, pour eux, c'est la victoire.
Mais les onze héros, des flammes préservés
Par un angle du mur, à leur tour sont sauvés...
Le beffroi de Clisson sonnait la dixième heure,
Et, depuis le matin, dans la vieille demeure,

Pour Henri cinq, leur roi, quarante-cinq Chouans,
Quarante-cinq chrétiens, presque tous paysans,
Avaient fait reculer quinze cents philippistes.

. . . .

Voilà comment luttaient les soldats royalistes...

Le dernier coup de fusil

Ille iterum verberabat.

« C'était pour la seconde fois qu'il frappait. »

(Num., XXII, 25.)

Trois fois les Vendéens avaient saisi les armes,
Pour venger de leurs rois la douleur et les larmes,
  Pour obéir au ciel.
Trois fois ces paysans, ces âmes plébéiennes,
N'avaient pas refusé le sang pur de leurs veines
  Pour protéger l'autel.

Ils s'étaient tous levés aux paroles guerrières
Que fit entendre, un jour, au seuil de leurs chaumières,
  Cathelineau d'Anjou.
Car c'est lui, le premier, sous une ardeur divine,
Qui prit le Cœur du Christ, le mit sur sa poitrine,
  Et leur cria : « Debout ! »

Lui, le premier de tous, il avait dit : « Arrière ! »
Et tiré sur les Bleus, à La Poitevinière,
      Le premier coup de feu.
Avant tous il avait combattu dans l'arène,
Allumé le courage en l'âme vendéenne,
      Pour la France et pour Dieu !

En marchant sur ses pas, la Vendée héroïque
Avait lutté, six ans, contre la République,
      Toujours avec honneur.
Contre Napoléon, elle voulut combattre ;
Celui-ci la vainquit, mais il ne put l'abattre
      Ni lui briser le cœur.

Et l'Europe admirait cette lutte géante,
Ce courage chrétien, cette valeur ardente,
      Ces combats de héros.
Elle battait des mains et disait : « La Vendée,
Du sang de ses martyrs saintement fécondée,
      A vaincu ses bourreaux. »

Elle a vaincu, c'est vrai, cette terre fidèle,
Car a elle su garder toujours pure chez elle
      La foi de Jésus-Christ.
Ses ennemis n'ont pu débaptiser son âme,
Ni de son cœur sanglant voir s'éteindre la flamme,
      Pour le royal proscrit.

Elle a su, de sa main désarmée et brisée,
Relever cette croix de son sang arrosée,
      La faire resplendir.
Un peuple aussi chrétien, d'une aussi haute taille,
Peut bien être accablé, dans un jour de bataille,
      Mais il ne peut mourir.

Dix-huit cent trente-deux mit la dernière gloire
Et le dernier rayon aux pages de l'histoire
           De ce peuple chrétien,
Car c'est alors qu'il dit au fils du régicide :
« Quoi que pour ton honneur la révolte décide,
           « Va ! pour moi tu n'es rien !

En l'an *quatre-vingt-treize*, on vit avec ivresse
Du grand Cathelineau la balle vengeresse
           Tuer le premier Bleu ;
Dix-huit cent trente-deux vit terminer la guerre
Par un Cathelineau tirant avec colère
           Le dernier coup de feu[1] !

1. Henri de Cathelineau, au combat de La Grande-Roche (1832).

1873

Espérance

Il vient, quand les peuples, victimes
Du sommeil de leurs conducteurs,
Errent aux penchants des abîmes,
Comme des troupeaux sans pasteurs.

(LAMARTINE, *Méditations poétiques*.)

La France!... Elle est couchée au lit de la douleur;
Son bras n'a plus d'épée et son front plus d'honneur,
Son cœur ne bat qu'à peine.

Elle est là!... chaque jour la pousse vers la mort;
Elle souffre et gémit... stérile est son effort,
      Pour secouer sa chaîne.

Car des hommes sans nom s'attachent à son flanc,
Et, vampires hideux, lui sucent tout le sang,
      L'écrasent sur sa couche.
Au milieu des sanglots, si la France parfois
Veut demander secours, faire entendre sa voix,
      Ils lui ferment la bouche.

En face du mépris où nous sommes plongés,
Dans l'abîme sans fond, qui nous tient submergés,
      Où nous voyons la France,
Sous les cruels affronts dont couvrent le pays
L'infâme République et ses nombreux bandits,
      Est-il quelque espérance?

Il en est une encor. — Le Christ aime toujours
Le grand peuple des Francs, il veut des anciens jours
      Lui retracer l'histoire.
Au signe de son doigt, du ténébreux tombeau,
La France sortira, pour briller de nouveau,
      Et retrouver sa gloire.

A la France le Christ n'inflige pas encor
Le sort de la Pologne : il ne veut pas sa mort,
      Mais, pour elle, il envoie
Un homme dont la main lavera son affront,
Lui rendra sa grandeur, relèvera son front,
      Lui donnera la joie.

Et cet homme est le fils de soixante-neuf rois ;
Son royal étendard est marqué de la Croix,
       Avec cette devise :
Je dois baisser mon front devant le Créateur ;
Je dois marcher toujours au chemin de l'honneur,
       Pour la France et l'Église.

Mais cet homme sauveur, ce grand roi, quel est-il ?
C'est le dernier Bourbon. — Sur la terre d'exil,
       Loin de nous il demeure.
Lui seul, il le sait bien, un jour, nous doit guérir ;
Il a les yeux sur nous, il est prêt à venir,
       Mais il attend son heure.

Et cette heure viendra... ; déjà de toutes parts
Vers le noble exilé se portent les regards,
       Et bien des cœurs l'appellent.
Déjà de son drapeau l'on voit flotter les plis ;
De pleurs à son aspect bien des yeux sont remplis ;
       Les chemins se nivellent.

Et cette heure viendra... ; car déjà l'on peut voir
Dans le peuple passer des symptômes d'espoir,
       Le peuple se fatigue...
Des hommes, dégoûtés des hontes, des affronts,
Accourent avec nous, sans rougeur à leurs fronts,
       Grossir la sainte Ligue.

Ah ! quel beau jour pour nous, quand nous verrons, joyeux,
Notre roi sur le trône où furent ses aïeux,
       A son front la couronne !
Nous pousserons alors jusqu'aux astres ce cri :
Vive Henri notre roi ! Vive le grand Henri !
       Vive Dieu, qui le donne !

Allons ! prince, venez, nos regards sont sur vous ;
C'est l'heure d'arracher tout un peuple à genoux
      A la désespérance.
Il est temps... oui, venez, pressez, pressez vos pas !
Nos cœurs vont vous chercher ; prince, ne tardez pas !
      Venez sauver la France !

1883

Mort du Roi

Et factum est post obitum Judæ emerserunt iniqui in omnibus finibus Israel.

« Après la mort de Judas, une foule de méchants parurent sur les frontières d'Israël. »

(I Mach., IX, 23.)

Roi des peuples, Seigneur, que veux-tu de la France?
Combien de temps encor boirons-nous la souffrance?
Quel sera l'avenir?...

A tomber sans honneur faut-il donc nous résoudre?...
Tout est sombre, et partout au ciel gronde la foudre...
      Et tu le fis mourir!!

A nos yeux attristés, le firmament se voile :
Pour nous conduire au port, nous n'avons plus d'étoile;
      J'entends les flots mugir;
Et les vents, soulevés par l'ange des tempêtes,
Se préparent bientôt à passer sur nos têtes...
      Et tu le fis mourir!!

Et lui seul était là, dans sa force sublime ;
Seul, parmi les écueils, de sa main magnanime,
      Il pouvait nous régir.
Lui seul pouvait, du doigt, à la France égarée
Montrer le vrai chemin et la route sacrée...
      Et tu le fis mourir!!

Cet homme, il comprenait ton auguste doctrine ;
Elle avait dans son cœur poussé forte racine ;
      Il disait sans rougir :
Un roi, pour bien régner, dans ce temps difficile,
Doit respecter la croix et suivre l'Évangile...
      Et tu le fis mourir!!

En lui seul reposait l'espérance dernière,
Et l'on disait déjà : France, ouvre la paupière;
      Bientôt il va venir!
France, tu vas briser dans peu ta lourde chaîne,
Échapper au torrent qui te roule et t'entraîne...
      Et tu le fis mourir!!

Lui, le bon, lui, le saint, le véritable père,
Dont la France attendait un règne si prospère,
              Lui, notre seul désir ;
Il aimait à jeter ces mots à la patrie :
Enfants, priez, priez, je vous rendrai le vie...
              Et tu le fis mourir ! !

Qui pourra maintenant effacer notre honte,
Et barrer puissamment le déluge qui monte ?
              Qui pourra nous guérir ?
Qui jamais donnera la paix et la justice,
Et nous fera monter du fond du précipice ?...
              Car tu le fis mourir ! !

Mon Dieu ! je le sais bien, de l'abîme où nous sommes,
Tu n'as, pour nous tirer, besoin d'aucun des hommes,
              Mais tu voulus punir
Ces esprits intrigants, ces âmes orgueilleuses,
Mêlant la nuit troublante aux clartés radieuses...
              Et tu le fis mourir ! !

Ces cœurs ont fermé l'œil à la pleine lumière ;
Et quand il venait, lui, portant haut la bannière,
              On les a vus rugir.
Alors tu les laissas dans leur orgueil coupable
Qui voulait appuyer la France sur le sable...
              Et tu le fis mourir ! !

Mais de nous, ô Seigneur, de nous, enfants fidèles,
Pourquoi donc arracher des larmes si cruelles,
              Et nous faire gémir ?

Tu me réponds ces mots : Pour vous et pour la France,
Je désirais au ciel augmenter sa puissance...
Et je l'ai fait mourir!...

ÉPILOGUE

Ce que fit la Vendée

> *Mundi salus et gloria.*
> « Elle a été la gloire et le salut du
> monde. »
>
> *(Liturgie.)*

La Révolution voulait boire du sang...
Elle rompit sa chaîne... Elle allait, mugissant,
Comme un fleuve grossi par les eaux d'un orage,
De ses flots destructeurs brisant tout avec rage,
Emportant à la fois et le trône et l'autel,
Faisant trembler la terre et menaçant le ciel...
On voyait entraîner et rouler, à la file,
Vieilles lois, vieilles mœurs, sceptres, croix, Évangile.
Amour de la patrie, amour des temps anciens,
Honneur, vertus, foyers, les vieux dogmes chrétiens...

Après avoir ainsi détruit dans notre France,
Dans les âmes, la foi, dans les cœurs, l'espérance,
Ce fleuve débordé, voulant aller plus loin,
De renverser encor ressentant le besoin,
De son cours infernal brisa toutes barrières,
Et sa noire fureur roula jusqu'aux frontières...
L'Eglise gémissait... et l'Europe trembla.

. . . .

Un petit peuple alors s'écria : Halte-là !!!
Et devant le torrent, l'héroïque Vendée,
Toute seule debout, sur sa sublime idée,
Pour digue amoncela sa bouillante valeur,
Son courage et sa foi, tout l'amour de son cœur ;
Elle jeta son sang, ses larmes, ses victimes,
Devant les flots fougueux de ce fleuve de crimes ;
Puis elle dit au fleuve, en poussant des soupirs :
Je couche devant toi six cent mille martyrs,
Arrête-toi, torrent !... A cette voix puissante,
Le torrent suspendit sa course frémissante.
Ses flots contrariés firent un grand fracas,
Mais par-dessus la digue ils ne passèrent pas...

. . . .

La Vendée en mourant avait, par sa vaillance,
Sauvé l'Europe entière... et l'Eglise... et la France !!!

Notre-Dame
de
Beauchêne

*Salve, Regina ... spes nostra, salve ...
Illos tuos misericordes oculos ad nos
converte.*

« Salut, Reine, notre espérance,
salut ! Abaisse sur nous des regards de
miséricorde. »

(Antienne liturg.)

Sur les bords de la Sèvre, aux flancs d'une colline
   Au milieu des grands bois,
Joyeuse, sous le ciel, une cloche argentine
   Résonne quelquefois.

Une antique chapelle, au sein de la verdure,
   Se cache comme un nid :
Et la cloche est sa voix qui chante et qui murmure
   Un cantique béni.

La Reine des élus, dans ce vieux sanctuaire,
   A fixé son séjour.
Souriante elle vient, de son ciel, sur la terre
   Demander notre amour.

Ah ! nous l'aimons aussi, la Vierge de Beauchêne,
　　Nous sommes ses soldats ;
Comme un lien d'amour, son nom seul nous enchaîne ;
　　Nous ne l'oublions pas.

Nous aimons, à genoux devant notre Madone,
　　Redire nos douleurs ;
Quand nous voyons les traits d'une mère si bonne,
　　Nous essuyons nos pleurs.

Quand ses bras palpitants pressent avec tendresse
　　Son aimable Jésus,
Chacun de nous reçoit les baisers, la caresse,
　　Que son Fils a reçus.

Qu'elle en a soutenus de sa main maternelle !
　　Que de cœurs désolés,
Pour chercher son secours accourant auprès d'elle,
　　Sont partis consolés !

Nos pères sont venus agenouiller leurs âmes
　　Dans un jour solennel :
C'est là qu'ils ont puisé leur courage et leurs flammes,
　　Pour le trône et l'autel.

Du sanctuaire saint en baisant les murailles,
　　Nos aïeux disaient tous :
« O Reine des guerriers, dans les grandes batailles,
　　Vierge, protégez-nous !

« Que nos âmes par vous, puissante protectrice,
　　Combattent sans émoi !
Dans les tourments, soyez notre consolatrice,
　　Et gardez-nous la foi ! »

C'est ainsi qu'ils parlaient, à genoux sur les dalles,
　　Ces courageux guerriers.
Puis, ils ont, affrontant la mitraille et les balles,
　　Moissonné des lauriers.

En face de la mort, on les a vus sourire,
　　Car ils avaient l'espoir,
Au ciel, de vous trouver, après leur grand martyre,
　　O Vierge, et de vous voir.

En nous, fils de ces preux, Vierge toute-puissante,
　　S'il le faut quelque jour,
Veuillez ressusciter leur âme frémissante,
　　Le feu de leur amour !

Chacun de nous alors, ô Vierge toute bonne,
　　Sera votre soldat.
Comme eux nous combattrons, si jamais l'heure sonne
　　Du noble et saint combat.

Table des Matières

Prologue 1
1793. Le Bocage vendéen 3
Les ancêtres 6
L'âme d'un peuple 10
Le vieux sonneur vendéen 13
Cathelineau 18
Vive le Christ! Vive le Roi! 22
Chant des conscrits de Cathelineau 25
Marie-Jeanne 27
Rendez-moi mon Dieu! 30
La messe au fond des bois 33
Le vieux château de Saint-Mesmin 37
Le chapelet sous les balles 40
Pierre Bibard 43
Les soldats de Marigny 47
Renée Bordereau 50
Marie-Louise du Verdier de La Sorinière 52
Combat du bois du Moulin-aux-Chèvres 55
Les sentinelles 58
Le capitaine Roucher du Pin 61
Les petits canonniers de Chemillé 64
Le puits de Clisson 68
Julie Tricot 71

Sous bois 74
Les femmes vendéennes 79
Audace 83
Mme de La Roche Saint-André 85
Le dernier acte de Bonchamps 87
Henri de La Rochejaquelein. 90
La maudite. 94
Mort de Stofflet 99
Le champ des martyrs 102
Charette 106
Les vieux martyrs 109
Les vieux soldats du roi 112
La panoplie 115
Savenay 118
La croix du chemin 120
1815. Retour du drapeau blanc 125
1820. Naissance de Henri V. 128
1832. Combat de La Pénissière. 131
Le dernier coup de fusil 137
1873. Espérance 140
1883. Mort du roi. 144
Épilogue. Ce que fit la Vendée. 148
   —   A Notre-Dame de Beauchêne 150

OUVRAGES DU MÊME AUTEUR

Fleurettes du Bocage Vendéen, grand in-8⁰ (première Gerbe), épuisé. — L'auteur prépare une seconde édition illustrée.

Fleurettes du Bocage Vendéen, grand in-8⁰ (deuxième Gerbe). — Chez l'auteur, à Notre-Dame de Beauchêne, par Cerizay (Deux-Sèvres). — Prix : 2 fr. 50 l'unité, 2 francs à la demi-douzaine ou à la douzaine.

LIGUGÉ (VIENNE)

IMPRIMERIE SAINT-MARTIN

M. BLUTÉ

PAX PAX

NON RECVSO LABOREM

S M

www.ingramcontent.com/pod-product-compliance
Lightning Source LLC
Chambersburg PA
CBHW070623100426
42744CB00006B/587